"Is That Me Yelling?":
A Parent's Guide to Getting Your Kids to Cooperate Without Losing Your Cool

不吼不叫：
如何平静地让孩子与父母合作

【美】罗娜·雷纳 Rona Renner, RN 著 钟煜 译

上海社会科学院出版社

献 给

我的孩子:
佩（Pay）、玛拉（Mara）、马特（Matt）、卡瑞娜（Carina）
我的丈夫米克（Mick）
我的孙子：大卫（David）、马塞奥（Maceo）

谢谢你们帮我打开心扉，并不断教给我爱的意义。

各界赞誉

父母有责任帮助孩子发展同理心。谢谢罗娜·雷纳这本充满洞见的书,让父母们获得了达成这一目的的工具。

——迪帕克·乔普拉,医学博士

《不吼不叫:如何平静地让孩子与父母合作》是一本对所有父母、老师以及亲子教育工作者满怀善意与同情的书。罗娜护士通过她丰富的个人经验和职业生涯中获得的出色案例,充满热情与爱意地解释了心理学的基本原则和实用的养育方法。太棒了!谢谢!

——莫里索·莫诺兹-基内,博士,临床心理学家、

亲子教育专家、专栏作家和广播节目主持人

作为儿科医生和父母,我非常欣赏罗娜·雷纳提供的全面又实用的育儿方法,所有新手父母都应该读一读这本书。

——劳伦斯·罗森,医学博士,整全孩子中心(The Whole Child Center)创始人

引人入胜又贴切实用,既幽默又有实证,深刻但不说教,权威但不生硬,《不吼不叫:如何平静地让孩子与父母合作》迅速上升为我读过的育儿书中最出色的一本。所有的父母都会和孩子发生争执,罗娜·雷纳通过各种各样的实例,简单易学的自我评估、颇受欢迎的气质总结以及恰到好处的智慧,为父母提供了又深刻又有效的解决方案。如果你是个曾对孩子吼叫并且后悔这样做的父母,这本书适合你。

——史蒂芬·P.辛肖,《心理学通告》编辑,伯克利加利福尼亚大学心理学系教授,

旧金山加利福尼亚大学精神病学系心理学讲座副主席

《不吼不叫：如何平静地让孩子与父母合作》针对那些全心全意爱孩子，但忍不住还会发脾气的家长。罗娜·雷纳智慧又风趣，适时为家庭中的成年人提供了一份非常有效的指南。

——凯瑟琳·埃里森，《嗡嗡声：专注的一年》和《方形借口：我的故事和它对培养创新者、远见者和不被约束的思想者有何意义》的作者

在诸多育儿书籍中，这本书与众不同。因为它帮助我彻底改变了与孩子相处的方式。在罗娜·雷纳的帮助下，我停止了吼叫，成了一个耐心、有同理心的家长，这是我一直想做到的事。

——朗达·柯林斯，纪录片编辑，一对双胞胎的母亲

没有什么事情比努力想做个更好的父母更能感动人心、更能使伤处愈合了。对于想与孩子建立更加健康的沟通、更加良好的关系的父母来说，《不吼不叫：如何平静地让孩子与父母合作》是一本充满爱与关怀，同时又非常有效的书。

——豪尔赫·帕蒂达，心理学博士，《第五十个太阳的诺言》和《觉醒的一周》的作者

吼叫没什么用——至少没有长久的效用。孩子习惯了被吼来叫去，就不再听你说什么，此时父母就需要用更大的嗓门，说更多伤人的话。《不吼不叫：如何平静地让孩子与父母合作》是我读过的最好的育儿书，因为它示范了如何停止伤人的吼叫，并且与孩子建立真正的合作关系。强烈推荐这本书。

——马修·麦凯，博士，《当怒火伤害了你的孩子》的作者

终于有了一本深刻又实用，并不羞辱人或者试图说教的书。《不吼不叫：如何平静地让孩子与父母合作》以同理心和自我觉察，提供了敏锐又实用的技巧，不仅能让我们这些父母或者祖父母改变自己，也能在孩子身上获得你盼望的变

化。这本新鲜的指南将填补亲子教育类书籍的一个巨大空白。

——肖莎娜·贝内特，博士，临床心理学家，父母抑郁方向的专家，《产后抑郁傻瓜书》的作者

从我刚刚成为父母，养育一个精力过剩的孩子的时候，罗娜·雷纳就一直为我提供咨询，使我们免于心碎和灾难。我曾经不断大吼大叫——直到我学会了她书中提供的技巧和方法。这是一份送给父母和孩子的珍贵礼物。

——贝西·罗斯，正念教育工作者，音乐家，妈妈

《不吼不叫：如何平静地让孩子与父母合作》是一位风趣、温暖、充满洞见的作者写的一本风趣、温暖、充满洞见的书。罗娜·雷纳是深受旧金山湾区人们喜爱的一位演讲者、作家和广播节目主持人。她终于将多年的育儿智慧总结成书，我强烈推荐！

——约书亚·科尔曼，心理学家，《当父母受伤害》的作者

我认识罗娜·雷纳并与她共事了数十年。她清楚地认识到没有一种方法适合所有的孩子，而每一种方法都需要考虑到孩子的气质以及父母的气质。《不吼不叫：如何平静地让孩子与父母合作》一书总结了罗娜所学中非常重要的部分。所以，父母们，如果你的内在压力正在升高，这本书就是为你写的。

——詹姆斯·卡梅隆，博士，昂斯预防项目（Preventive Ounce，一个致力于精神病患预防的非营利机构）执行总监

《不吼不叫：如何平静地让孩子与父母合作》是送给父母的一份礼物。这本书充满智慧，又不失幽默与谦逊，对于无论是只需要细微调整还是应该做出重大改变，或者介于两者之间的所有家庭都很有价值。罗娜不带任何评判地向我们提出了挑战。这本书虽言辞简洁，却能为我们，无论大人还是孩子带来翻天覆地的变化。

——大卫·C. 雷图，医学博士，儿科精神病学副教授，佛蒙特大学医学院儿科精神病学诊所主管，儿童及青少年精神病研究基金主管

当父母需要养育方面的建议和支持时，我认为大部分养育者需要的是诚实、直接和不过于复杂的建议，它们来自与他们有过相同经历、经验丰富的人。罗娜·雷纳的《不吼不叫：如何平静地让孩子与父母合作》似一股清新的风，诚恳、有用、易读，无论对家长还是专业人士都很实用。

——英提萨·谢里夫，教育学博士，圣保罗康特拉科斯塔学院幼教系联合主任

罗娜·雷纳的方法温暖、实用又睿智。即便是最艰难的情况她也提供了强有力的帮助。这本书提供的方法依托真实的生活体验，细腻、合理，并且十分有效。应该推荐给每一位家长阅读。

——玛丽·希迪·柯尔辛卡，教育学博士，《养育精力旺盛的孩子》和《失眠在美国》的作者

未来将由我们正在养育的这一代人塑造。面对全球的各种挑战，我们不能忘记，身为父母，我们的每个决定都有可能影响未来。我们的孩子将改造社会、改变商业模式，重新建立人与自然的关系。他们将创新未来，缔造和平；他们肩负各种责任；他们既要有远见，又要有执行力。为孩子提供最好的开始，这是我们对孩子也是对世界的责任。而这一切，要从了解自己、疗愈家庭，以及有意识的行动开始。正如罗娜所言：'世界和平始于家庭。'

——罗纳尔多·S.布鲁托克，未来学家，商业领袖，"世界商业学院"创始院长

《不吼不叫：如何平静地让孩子与父母合作》是把罗娜·雷纳温暖睿智的建议介绍到你的家庭的一个绝佳机会。身为护士、气质咨询师、父母培训师和电台节目主持人，她的建议对任何有孩子的人都很有价值。不管他们曾经怎样大吼大叫，有了她的支持，这些爸爸妈妈就会平静和自信很多。

——威尔·库特奈，博士，《渴望成为男人》的作者

目录 Contents

序言：我为什么会对孩子吼叫？ 1

前 言 你不是一个人在战斗 1
　　你可以学会停止向孩子大吼大叫　2
　　重新开始永远都不晚　3

第一部分　理解吼叫

第1章 "是我在大吼大叫吗？"
　　　　——学会了解自己　7
　　如何知道自己在吼叫（或是没有吼叫）　8
　　吼叫可曾有用？　11
　　吼叫如何影响孩子　13
　　感受吼叫对孩子的影响　16
　　做一个"足够好"的父母　20
　　但是我想现在就减少吼叫！　22

第2章 我为什么吼叫?
——理解促发吼叫的日常因素 25
那些容易让你发脾气的日常因素 26

当吼叫变成习惯 32

了解自己 41

你的孩子看到了什么? 46

准备战斗,还是逃跑? 47

第3章 "为什么是我在吼叫?"
——看到更深层的原因 51
吼叫代代相传 52

迁怒于人:我到底是在朝谁发火? 57

当吼叫和愤怒导致虐待 61

发现藏在愤怒之下的感受 62

你的健康状况如何? 64

羞愧 66

第4章 气质会带来什么影响?
——让你的养育方式适应孩子的天性 71
透过气质的角度观察 72

发现和接纳个体差异 76

你的孩子和你的气质的协调 81

由气质引发的较量 88

第二部分　减少吼叫的日常策略

第5章 "吼叫这么容易就出口……我真能停下来吗？"
——观察和收集数据，为成功做准备　95

追踪你的吼叫　96

追踪风暴，找到它因何而起　106

自我同情　108

第6章 "除了吼叫，我还能做什么？"
——逐步调整，慢慢改善　115

另眼看待管教　116

如何练习 A-B-C-D-E 法则　118

管教的 4C 法则　122

要理智也要尊重　141

第7章 "救命，又一波风暴即将来袭！"
——保持平静，休整，规划路线　145

用道歉修复过往　146

积极主动减少吼叫　148

丰富多样的"不吼不叫策略"　161

第三部分　特殊情况

第8章 "救命！吼叫的人不是我"
——处理家里其他人吼叫的情况　173

"我的配偶认为吼叫很正常"　174

"爷爷朝我的孩子吼叫"　180

"我的亲戚们觉得我女儿是个讨厌鬼"　183

"我伴侣的吼叫像是虐待"　186

压垮骆驼的最后一根稻草　189

寻求帮助　192

第9章 "生活有那么多难题，我怎么能做到停止吼叫？"
——解决困境、混乱与差异　197

面对离婚和分居　199

单亲家庭的挑战　204

养父母或者负责照顾孩子的亲戚的艰难工作　207

养育有残疾、发育迟缓的孩子或者特殊儿童　209

注意力缺失/多动症　214

情绪失调和精神疾病　216

寻求专业帮助　217

后　记　世界和平始于家庭　221

致　谢　224

附录1　冥想　228

附录2　补充阅读材料　232

附录3　原书参考文献　236

译后记　239

序言：我为什么会对孩子吼叫？

这是一个寻常的下午，孩子们的课外活动结束后，我开车去接他们，然后一起去我嫂子家吃饭。因为下班比平常提早了一个小时，所以我还有几个电话要打。

我觉得我可以一边开车一边打电话。晚高峰拥堵的好处是让时间变得更宽裕。我大多数时候都是在家写作，就在厨房门口的房间，所以边工作边留意孩子们的动静对我并非什么难事。现在，我当然也可以一边打电话，一边注意路面上的状况。

我为孩子们放了一部有声书，然后用语音识别系统拨打我的第一个电话。电话直接被转到了留言信箱。我要留给对方的信息很长，正说之间，孩子们也来凑热闹，要求我把有声书的声音开大一些。他们明明听到我正在跟别人说话，却还是要打扰我，这让我非常恼火。

"你们难道没听见我正在给别人留言吗？"我冲他们嚷嚷道。"你们在跟一个人说话的时候，难道还能同时跟另一个人交流吗？"一整天的各种压力好似火上浇油，让我继续发作。"我讨厌你们这样！在我跟别人说话的时候非要打扰我！我都要被你们弄疯了！你们这样做让我听起来非常不职业！"

这时，我听见耳机里传来长长的一声"嘟——"音，一个电脑女声告诉我留言时长已到，电话即将挂断。老天，我居然在发给同事的语音留言里冲着孩子们大吼大叫，这才真叫"听起来非常不职业"呢！

当我又吼又叫的时候，我的孩子们通常不会退缩（或者突然变得听话）。当我对他们发火，或者表现得很焦躁时，他们会说，"妈妈，你能说话和气一点儿吗？"或者甚至这样说，"你这样说话，我根本听不懂你的意思。"这些话都是他们原封不动从我这儿搬过去的。当他们语出不敬或者哼哼唧唧时，我就是这样要求他们改变语气的。

但是，无论孩子们对我提要求的方式是礼貌还是莽撞，我都不曾因此改变过自己的语气。相反，我还为我冲孩子们吼叫的做法找到了正当理由：不是因为我不喜欢他们对我说话的方式，而是因为我是他们的妈妈。如果孩子让父母抓狂，父母当然会发火。孩子们本就不该做让父母抓狂的事，这样我们自然就不会冲他们嚷嚷了。因此，如果我又叫又嚷，很明显就是孩子们的错。所以，应该做出改变的是他们。

其实我多少也明白，这个逻辑不太对劲。在同事面前冲孩子们嚷嚷的尴尬场景让我猛然意识到，自己的这种做法毫无道理。而且，冲孩子吼叫实际上并不能改变他们的行为。尽管我们都知道，吼叫偶尔在短期内会有效果，但总的来说，这并不是一种有效的教育工具。作为一个养育专家，我知道一些更有效的规范孩子行为习惯的方法。

罗娜·雷纳的《是我在又吼又叫吗？》提供了一种思路，让我得以探寻自己冲孩子吼叫这种行为背后的真正原因；书中还提供了一些工具，让我以后可以找到不同的应对方式。通过运用第五章提供的"吼叫追踪工具"，我发现自己最容易对孩子提高嗓门的时候往往是我在同时处理多项任务时——这种时候，我的注意力通常在工作而不是在孩子身上。在家工作或者开车的时候工作，往往意味着我需要同时处理两件甚至三件事。这种状态使我更加易怒。

我制订了一个计划，那就是孩子们在场的时候尽量少工作，全心全意地陪伴他们。他们还是会有些让我生气的行为，但与之前不同的是，当我一心不再二用时，我就能够更有技巧地应对他们的错误。

《是我在又吼又叫吗？》的重大贡献在于，令人性焕发出更好的一面，当我们能够心平气和、善解人意地与孩子相处，那么，相应地，孩子们就能够内心平静，怀抱善意。这种状态，在这个满是冲突和烦恼的世界上，恰好是我们最需要的。

克里斯蒂·卡特博士（Christine Carter, PhD）
幸福学专家和社会学家，《养育幸福》的作者
2013年9月

前 言

你不是一个人在战斗

几年前的一天，我女儿卡瑞娜在楼下冲她弟弟马特大叫大嚷，让他不要烦她。我气冲冲地冲下楼，用尽全力大喊："卡瑞娜，别嚷啦！"那一瞬间——很显然我不是第一次遭遇这样的"瞬间"——我听见自己的声音：这是我在大吼大叫吗？我相当震惊：身为一个护士和育儿专家，我不该这样。在那一天，我对自己发誓不再做那些我不希望自己的孩子做的事情，就从不再大吼大叫开始。我发现，对孩子来说，我的做法并非总是最好，但是只要我能意识到这一点，并且愿意努力改进，随着时间推移，我就能从错误中学习很多东西。不管怎样，我既然能成功戒烟，我也一定能停止吼叫。

父母们会发现，他们因为各种各样的原因冲孩子们大吼大叫。也许你的父母就曾经这样对待你，所以你也改不掉这个习惯，总是任由怒火发泄在孩子身上。现在，你想要摆脱这些你认为对自己和家人都不健康的传承。

或者你压力太大，因此会短时间遗忘或者错放了你的同情心、善意与感激。这种情况在为人父母的初期最容易发生——即便你往往同时也怀抱着对孩子最深的爱。

我在20世纪70年代时初为人母，那时起我才意识到人人都会犯错，意识到完美父母并不存在，意识到父母都爱自己的孩子。我们都怀抱最良好的意愿，但我们也都所知有限。

你可以学会停止向孩子大吼大叫

大部分父母都会朝孩子嚷嚷，但那只是偶尔为之。对孩子发脾气，往往是因为某些事情超出了我们所能承受的底线——当我们累了，孩子也累了的时候，就会有这种感觉。然后我们会道歉，会大笑，会重新找回平静和耐心对待孩子。但是，如果你正在意识到自己"就像当年我妈妈冲我又吼又叫一样冲我的孩子又吼又叫"，或者"喊得嗓子都疼了"，或者"吼叫是因为不知道还有什么其他方法能够让孩子听话"，记住：你不是一个人在战斗。

在我的研讨会上，父母们问得最多的一个问题是："我如何能够不再对孩子又吼又叫？"我猜你也是带着同样的疑问才拿起这本书的。你已经意识到这种吼叫对你和家人并无益处，这就意味着你已经在为减少吼叫作努力了。

有些感受父母们都曾有过，却都不太愿意谈论：对经常冲孩子吼叫而感到羞愧，对无法控制自己的冲动却又要求孩子有自控力而感到绝望。

我发现，将理解气质（一个人的做事风格）与找到认知行为取向（思维、感情和行动）综合在一起，会对那些有意愿了解自己，并且想要做出积极改变的父母很有帮助。幸运的是，我们可以从错误中学习，改变我们的习惯和境况。这就是本书的目的。

在这里你将学到：

◎ 父母们吼叫的原因以及他们为什么想要改变。
◎ 吼叫会对孩子和成人有什么影响。

◎ 日常生活中是哪些因素的逐渐积累最终导致我们又吼又叫。
◎ 如何辨识引发吼叫的隐性因素。
◎ 你的个性以及你的孩子的个性对"吼叫"有什么影响。
◎ 你为什么想要停止吼叫。
◎ 如何减少吼叫——就从现在开始。

也许你选择这本书是为了帮助另外一个常常吼叫的人——你的配偶、伴侣，或者你生活中另一个值得信赖、帮你照顾孩子的人。你真是找对了地方。虽然你无法改变一个人——只有他自己才能改变自己——你的行为和你的反应仍然会对你周围的人产生巨大的影响。

我不建议你直截了当地对你的配偶或者伴侣说，因为他有朝孩子吼叫的毛病，他需要看这本书。更好的办法是你自己先读一遍，然后陪他一起读，看看你们能达成什么共识。

重新开始永远都不晚

我写这本书是为了给你提供灵感与工具，让你可以更少地对孩子大吼大叫，更好地了解自己，同时可以原谅自己曾经犯过的错误以及将来不可避免地还会犯的错误。重新开始永远都不晚，当你开始减少吼叫，就可以看到并感觉到这个变化对你的健康和幸福产生的莫大的正面影响。你赠予孩子的，将是一个世代相传的礼物。

那些因为自己总是吼叫而担心的父母如果知道其他人也在被同样的问题困扰，他们会从中得到释放。我希望这本书提供的很多故事会让你产生共鸣，但本书要做的不仅仅是把这些处境相同的人集中在一起。当你从书里学到更多，你就会发现与朋友和家人讨论这些问题会很有帮助。

我的专业知识来源于我所受的教育和培训，来源于我养育自己的四个孩子的经历，来源于我对我的孙辈们成长的观察，来源于数以千计的像你一样的父母——他们来到我的课堂，收听我的广播节目，找到我寻求建议和支持。当我在恺撒医疗机构（Kaiser Permanent，美国最大的非营利医疗机构——译注）的里士满医疗中心儿科工作期间，我很荣幸能够帮助父母们学习新的育儿方法和技巧。在与他们接触的过程中，我了解了他们的文化，他们的传统，以及他们在为哪些问题焦虑。

让家庭气氛更加和谐是可以做到的。而我有机会将我作为一个女儿、母亲、妻子、护士、气质咨询师、培训师、广播节目主持人以及人群观察者而学习到的东西传递给更多人，对此，我满心感激。

当我想到那些摆在我们以及我们的子孙后代面前错综复杂的世界问题时，我发现自己总在重复这句话："世界和平始于家庭。"读这本书，你不仅是在为自己和孩子做有意义的事，更是在为改变这个世界而努力——而世界就是一个大家庭。

罗娜·雷纳（Rona Renner, RN）

2013年8月，加利福尼亚伯克利

第一部分

理解吼叫

这一部分各章节的目的是帮助你理解自己为什么会吼叫，以及吼叫对每个家庭成员的影响。在你能够帮助孩子改变他们的行为之前，你需要满怀爱意地审视自己。本杰明·富兰克林在他的《穷查理年鉴》中写道："有三件事最难：炼钢，采钻，自知。"

或许很难，但你做得到！

你也许会按捺不住想跳过这些内容，直接去读第二部分中我提供的解决方案。但我还是强烈建议你花些时间读完第一部分的所有章节。你对自己和孩子的真正理解，将帮助你有能力面对以后出现的各类新问题。

第1章

"是我在大吼大叫吗？"
学会了解自己

> 因为没有受到警告，我的儿子把他的玩具汽车朝妹妹扔过去。结果是，女儿大哭，儿子大笑。想都没想，我就开始大声嚷嚷起来。我告诉儿子他的行为多么令我讨厌，我说他已经变成了一个多么顽劣的孩子。两个孩子都哭着躲到了桌子下面。我恨自己，怎么会变成一个情绪失控的家长。
>
> ——詹妮弗，一个5岁男孩和一个3岁女孩的妈妈

想要改变，就已经是你送给自己和家人的礼物了。

很多父母告诉过我，他们渴望改变是因为最终意识到自己不够有耐心，缺乏同情，大吼大叫的行为也为孩子树了个坏榜样。他们还发现，长远来看，吼叫对于减少孩子的失当行为并没有什么效果。

你意识到应该减少吼叫，意识到可以做点什么来扭转自己这种下意识的反应，这已经是在改变的道路上迈出了第一步。

不吼不叫：如何平静地让孩子与父母合作

如何知道自己在吼叫（或是没有吼叫）

当父母嚷嚷的时候——不管声量大小——他们往往都充满怒气和挫败感，并且在某种程度上失去了控制。当你审视自己时，很容易就能看到区别。比如说，当我对我的孩子吼叫时，我内在的紧张感就会逐渐增强——呼吸变得粗重，心跳开始加快，我还会感觉到身体真的在发热。我的思维变得不清晰。我的主要目的是表达自己的恼怒，要让孩子们知道如果他们胆敢不听话，"那么……"

相反，若你审慎地以坚定的语气跟孩子沟通，这是一种与吼叫完全不同的管教方法。坚定而平静往往是让孩子倾听你的要求的有效方法。当你能告诉孩子你的期望，以及如果他不照做会有什么后果时，你就不是在吼叫。

一个"不吼不叫"的例子

下面是一个"不吼不叫"的例子：奥利维亚正开心地在地板上玩耍。诺拉蹲下来，用坚定的语气对女儿说："该穿好衣服去上学了。我知道你很喜欢玩，但现在时间不允许你继续玩。"奥利维亚没有理会她，继续玩。诺拉继续用坚定的语气说："如果你今天上学迟到了，那么下午就不能和小朋友一起玩了。你能自己把衣服穿上吗？你需要帮忙吗？"

这个例子里，诺拉的语气和态度是关键。同样的话可以用尖利的嗓音，以威胁的语气喊出来，也可以用坚定平静的语气说出来。如果你的目的是为了指责孩子不穿衣服，害你迟到，那么你很可能迅速转变为吼叫。但如果目的是为了帮助孩子有条理地安排早晨的事情，那么保持平静非常重要。如果诺拉一看见女儿没有把衣服穿好就开始嚷嚷，很可能奥利维亚的注意力会放在害怕或者愤怒的感受上，而不

　　当父母嚷嚷的时候——不管声量大小——他们往往都充满怒气和挫败感,并且在某种程度上失去了控制。当你审视自己时,很容易就能看到区别。比如说,当我对我的孩子吼叫时,我内在的紧张感就会逐渐增强——呼吸变得粗重,心跳开始加快,我还会感觉到身体真的在发热。我的思维变得不清晰……

是去穿衣服。她的感受可能触发对压力的反应，导致她开始哭泣，畏缩，或者干脆听不进妈妈的任何话。于是，早晨穿衣服变成了日日上演的母女战争。

吼叫达到的效果是让孩子们知道你对他们或者他们的行为非常生气。吼叫往往达不到教育的目的，而只是通过威胁或者恐吓阻止某些行为，只是表达了你的负面情绪。你吼叫的声量或许每次不同，但效果都是一样的，总会导致过度的紧张。

有时候你需要坚定

我曾经帮忙照顾一个朋友的孩子，他总是不听大人的话。他是一个很有主见的可爱的 3 岁小男孩。一天，我们一起走在一条热闹的街道上，他跑到了我的前面。我叫他回来。我知道他肯定听见了我的话，但他却仍然自顾自往前走。我追上他，在他面前蹲下来，看着他的眼睛，大声但有控制地对他说："不要再跑到我的前面。"

我很坚定，但并没有失去控制。我希望他能感受到我语气中的力量，这样他会明白他做的事情是我不赞同的，并且是危险的。对这个经常忽略大人的话的孩子来说，这是一个有效的方法。当他止不住哭起来的时候，我拥抱他，告诉他我很关心他，让他知道为什么和我走在一起很重要。安抚好他之后，我们继续往前走。后来，我把发生的事情告诉了他的妈妈，以便她在需要的时候可以做出后续回应。

为人父母是一门需要即兴发挥的艺术，没有一定之规，总在变化当中。只要你对孩子的管教是以他的身体和情感需求为中心，只要你能够时常关照你自己的想法、情绪和呼吸，那么，再加稍许运气，你就能培养一个健康快乐的孩子。什么时候吼叫一声是必要的，什么时候需要重新思考自己的管教方法，这完全都是你自己的决定。我要提醒的只是，你与孩子的关系是一辈子的事。

吼叫可曾有用？

什么时候可以吼叫，人们有各种观点。你应该在观察了你的吼叫产生的影响之后，再来回答这个问题。我询问过的很多人都认为吼叫有时是必要的，尤其是在危险、有可能导致人身伤害的情境下——阻止一个孩子把手伸向火热的炉子或者冲入交通繁忙的街道。

下面是我想到的有必要吼叫的情况：

- 当你看到一辆汽车正在开过来，而你的孩子正毫无觉察地穿过马路。这时候可能就需要一声大喝让他及时停住脚步。（你可别嚷个没完，反复唠叨那些可能会产生的后果。）
- 如果你的大孩子正要喂小宝宝吃花生米，而你离得太远没法阻止，大喊一声"不要！"应该会很有用。如果吼叫不是你用于沟通的默认装备，一旦使用，就会特别有效。
- 如果你的孙子把水洒在你的电脑附近，你可能会大喊："噢！不要！快拿毛巾来！"这种情况下，你的吼叫不是针对孩子，而是为了阻止电脑短路而做出的反应。（注意：如果你情绪不好，吼叫就可能变成对洒水的责备。诸如"你怎么就不能再小心一点呢"的想法会为你的吼叫再添一把火。我们将在第二章探讨吼叫的触发器。）

练习：父母们为什么想要减少吼叫？

来参加我的工作坊的父母们可能跟你很相像。他们爱自己的孩子，努力想成为好父母，竭尽所能要管好家庭或干好工作，或者二者兼顾。跟我沟通过的很多父母本身就曾被他们的父母呵斥过。当发现自己在冲孩子吼叫时，他们相当惊讶，因为他们曾答应过自己不要重蹈上一辈的覆辙，不要呵斥孩子，不要对他们说刻薄的话。但是，不知为何，那些话好像自己会跑出来。

有人曾经告诉我，他们对如何养育孩子抱有不切实际的期待。在成为父母之前，他们很少有跟孩子相处的经验，无法理解要有怎样的时间、金钱以及情感付出。

下面是一个关于父母们为什么想要停止吼叫的清单，是我在这些年的培训中从课堂上收集的。请你看一遍，勾出跟你一样的理由，也可以加入新的你自己的理由。

☐ 我爸爸总是吼来吼去，而且言辞粗暴。我不想像他一样。
☐ 我嚷嚷的时候，女儿根本就不听。她切断了和我的联系。
☐ 我想为孩子们树立一个行为优雅的榜样。
☐ 我想成为一个比现在更好的父母。
☐ 我想教给孩子们如何解决冲突。
☐ 我居然当着儿子朋友们的面大吼大叫。
☐ 我不喜欢吼叫的时候自己的感觉。
☐ 我憎恶父母对我又吼又叫。
☐ 当我大喊大叫，口出恶言时，我感到内疚和羞愧。
☐ 我想要打破家里代代相传的吼叫的循环。
☐ 我不想看到孩子脸上的恐惧。
☐ 我听到儿子嘟囔说："妈妈不爱我了。"
☐ 女儿开始学我的样子。
☐ 当我开始吼叫，其实是因为我并不胜任自己的工作。
☐ 吼叫消耗了我的能量。
☐ 我的孩子开始冲对方吼叫。
☐ 我担心最后会导致我打孩子。

☐ 邻居开始对我另眼相看。
☐ 当我大喊大叫的时候，孩子们会跑向我的伴侣，因为他们害怕我。
☐ 我觉得自己是个可恶的父亲。
☐ 因为孩子脸上的表情，我想要停止吼叫。
☐ 我不想把孩子毁了。
☐ 大吼大叫让我憎恶自己。
☐ 我妻子说我得减少吼叫。
☐ 我被我自己的吼叫吓到了。我好像变成了另外一个人。
☐ 当我冲孩子连吼带叫时，我的伴侣也害怕我。
☐ 我不希望孩子们有羞愧的感受。
☐ _____
☐ _____

用些时间想想吼叫在你的生活里扮演怎样的角色。用这个列表来帮助你反思自己想要减少吼叫的渴望。

吼叫如何影响孩子

当你对减少吼叫的渴望越来越强烈，当你准备好了要做出改变，此时，你还需要做一件很重要的事，那就是考虑吼叫对孩子们的影响。在上面的"为什么想减少吼叫的理由"列表里，我们已经列举了一些吼叫导致的后果。诸如"我不想看见孩子脸上恐惧的表情"以及听到孩子说"妈妈不再爱我了"这样的表述，都是想要改变的强烈动机。我们稍后会回来讨论吼叫对孩子具体的影响，但首先我们来看看吼叫如何在整体上影响到孩子的精神健康。

大多数专业人士都认同，吼叫会影响到孩子对自我、对世界的感受，以及他们与父母及其他人的关系。心理学家默娜·舒尔（Myrna B.Shure，2005）认为，如果父母的管教方式是呵斥和命令，孩子就很容易在心理和言辞上表现出攻击性。这些孩子将很难学习到积极的社交方式，比如轮流参与和同理心。

你的用词很重要

在考虑吼叫对孩子的影响时，你要考虑到频率、持续时间、话语的密集程度以及用来表达自己感受的具体词汇。比如，在隔壁房间冲孩子嚷"我让你别在沙发上跳"，与嚷嚷"你真是个野孩子，我告诉你别在沙发上跳！你怎么就不能学学你姐姐？"两种方式的影响是不同的。后者在暗示"你是个坏孩子"，而孩子还会把爸爸的意思翻译为"他更喜欢姐姐"。

你们的日常生活是什么样的？

另一个需要考虑的因素是你们家的日常生活是什么样子的。你们会常常有自在的交流和开心的玩耍吗？家人会感觉到爱和相互信任吗？或者家里经常气氛紧张，时有争吵，大家都感觉到很大的压力？如果日常生活伴随着争吵和压力，那么最关键的事就是多花一些时间和精力来慢慢应对家里最重要的事。在你学习减少吼叫的时候，这种有意识的连接能够帮助平息冲突。

很多父母都爱吼爱叫

研究表明很大比例的父母承认会朝年幼的孩子吼叫，会在心理上攻击孩子（施特劳斯Strauss和菲尔德Field，2003），所以你可以放心一点，你不是唯一。

不难估计你的大部分亲戚朋友也都会朝他们的孩子连吼带叫，

但是因为难堪，或者担心这会显得无能，他们也许不愿意谈论这个话题。在某些程度上，吼叫已经成为"新的体罚"。基于那些有关体罚会产生负面效果的研究，很多父母已经决定不再体罚，或者不再打孩子，但是他们并不知道如果不这么做，那么该怎么做。既然在你的成长过程中很有可能遭遇过至少一位家长的吼叫，那么你当然很容易把吼叫作为教育孩子的便利手段之一。

提前警告你：经常性地朝孩子吼叫将会导致他们在状况百出的青春期遭遇更多挑战。《当怒火伤害你的孩子》一书中提到的研究表明，"家庭中累积的愤怒对孩子青春期的几乎每个重要时期都有影响。愤怒会投下长长的阴影，不仅有即时的杀伤力，而且会损伤孩子的情商和社会性。"（蒂瑟等 Tesser et al., 1989）

如果你和你的孩子在上学前对嚷了一通，双方发泄的怒气导致了他心理和情感上的反应，这样会分散他对早晨英语测验的注意力。我知道当我与丈夫发生争执，我的理性思考和就事论事的能力就会被损伤，直到我能够平静下来，安抚自己，或者为我的反应道歉。了解并且放掉那些伤人的情绪，这需要洞察力，也需要练习。

生气是一种常见的情绪，人人都会有。感到生气没什么错，事实上，你的怒气可以帮助你在生活中找到更合适的处理问题的方式。生气会鼓励你在工作中站稳立场，说清误解，或者把混乱的车库清理整齐。如果你十几岁的女儿不收拾盘子，而且对帮她收拾的人毫无感激之情，如果她每次这样做都让你生气，那么你的情绪就传递了一种信息：是时候该有所改变了。在这种情况下，你需要和女儿做一次真心诚意的交谈，聊一聊"感恩"的价值。

在这本书中你将会学到一些练习，当你的孩子淘气，或者只是因为表现出他这个年龄应有的状态而让你生气时，这些练习会帮助你意识到自己的负面情绪，管理情绪发展的程度而不至于演变成吼叫。经常吼叫会让你付出太大的代价,你必须改变。你正在失去的是那么多本来可以充满连接、尊重与爱的美好日子。

感受吼叫对孩子的影响

现在你已经了解了吼叫通常会造成的负面效果,我们该来看看吼叫又是如何影响你的孩子的。每个孩子都是不一样的,做父母的任务之一就是成为自己孩子的专家。如果你有观察自己和观察自己孩子的意愿,最终你将收获更多的喜悦和乐趣,并且,当你的孩子淘气时,你也更容易找到合适的应对方法。

我承认,很多时候,我也会蒙住双眼,我也会不愿意去看因为我的作为或不作为而产生的后果。我花了很长的时间(现在依然在努力)以获得足够的勇气,能够做到既看见事情的真相,又不对自己过于苛刻。如果你能关闭内心那些过度指责的声音,你将会有巨大的收获。如果过度自责,你就会不愿意看见自己身上不那么有魅力的一面。

有整整一年的时间,我在做这样一个练习:每当我犯错,或者当我听见我对自己有负面的评价(无论是内在的还是外在的)时,我都会吻自己的手,对自己说:"我很棒。"刚开始这样做让我觉得尴尬,觉得傻乎乎的。但这是我增加对自己的情感的一种具体方式。你越将爱和善意导向自己和他人,你就会变得越放松和有觉知。我在这里特地提出这一点,是因为当你开始观察你的孩子,诸如悲伤、懊悔或者罪恶感这样的情绪就会出现。观察吼叫对孩子的影响这个步骤,对于实现减少吼叫的目标至关重要。你正在为了解真相做出承诺。

练习：观察你的孩子

在这个练习中，你的目标是了解孩子对于你吼叫的反应。不用特意改变，遵从你日常的行事方式，然后观察影响。如果你已经开始减少吼叫了，那么就想想你以前观察到的结果。

孩子们的反应会受到很多因素的影响，包括他们自身的气质。比如说，如果你的儿子生性敏感，你失望的表情和嚷嚷的语气会影响他好几个小时。你会发现他坐车的时候一言不发，不肯跟你亲吻道别。当他应该专心做数学题的时候，却不能集中注意力，因为他的内心都被之前你冲他发脾气、指责他自私的事占满了。敏感的孩子通常也有很高的感知能力，并且很容易将负面情绪内化。而另外一个冲动又活泼的孩子则很可能会冲你嚷回去，然后就去上学，高高兴兴过一天。她甚至看起来很享受一大早就跟你或者跟小妹妹对嚷一通。

气质是一个人天生的对人对事的反应方式。世上人人都带有与生俱来的特质。在第四章你将了解到你的孩子以及你自己的气质。对自己在与孩子的性情相关的特质方面了解得越多，就越有助于你减少互相较力和大吼大叫。

在一个星期当中，当你跟随这个练习，逐步了解你的孩子，你会成为一个业余社会学家。用一个日记本或电脑，把你观察到的，孩子在你发脾气或言语粗暴时或者之后的表现记录下来。这样今后当你需要时，这些记录可以提醒你为什么要努力改变自己的习惯性吼叫。记住，现在的目标是观察孩子在你吼叫的过程中或者之后的反应。不要分心去考虑你的行为，吼叫的原因或者你的感受。这些是以后要做的事。

孩子对于吼叫的反应各有不同。以下列出了一些典型反应。在你观察到的相同的反应旁打钩，同时记录下你的观察结果。

我的孩子：

☐ 对我的吼叫置若罔闻；

☐ 当我吼叫时显得害怕；

☐ 说类似"你不再爱我了"这样的话；

☐ 模仿我，也开始又吼又叫；

☐ 哭着跑向妈妈；

☐ 冲他的朋友甚至宠物连吼带叫；

☐ 藏在桌子下面，直到我答应不再嚷嚷了才肯出来；

☐ 在我冲他吼叫之后，非常黏我；

☐ 放学回家后情绪很糟糕，直接就进了自己的房间；

☐ 告诉我让我说出自己真正的意思；

☐ 报之以大笑，直到我威胁说要揍他；

☐ 在屋子里走来走去，郁郁寡欢；

☐ 在我嚷嚷之后他睡不着觉；

☐ 用他的毛绒玩具玩拳击游戏；

☐ 只有当我嚷嚷时才会听我说话；

☐ 对我的吼叫毫不在意；

☐ 再也不带朋友回家玩了；

☐ 我冲他吼叫时会按我的话去做；

☐ _____

坚持下去

观察吼叫对孩子的影响是件很困难的事，但要坚持。这个练习能增强你的同理心并且在你学习做父母的过程中给你指引。比如，如果你看到孩子对你的吼叫无动于衷，你就更容易下决心尝试新的方法。

如果你发现女儿也成了吼叫"高手",那么你就会清楚地知道是为她示范其他沟通方式的时候了。

做这个练习的同时别忘记要对自己满怀善意。当你开始熟悉自己,更能够接纳自己,你对孩子的善意也会随之增长。

卡拉是一对双胞胎的妈妈,她告诉我就因为一次观察让她坚定了要停止吼叫的愿望。"一天早上,弗丽希娅对她的娃娃说:'我对你很生气。'她打那个娃娃,并且一遍遍对它喊叫:'快睡觉去!'"听女儿这么说让卡拉很痛苦,但这对她想改变每晚的睡前斗争起了决定性的作用。

除非面临危险,没有父母会教孩子大吼大叫。既然父母是孩子的第一任老师,那么你要想想你希望给孩子怎样的教育。你在日常生活中会教给孩子一些重要的生活技能和经验,但别让经常性的吼叫遮掩了它们。

孩子会告诉你什么?

如果你的孩子能够说出吼叫对他的影响,你觉得他会说什么?

在一次治疗咨询中,我去家里拜访,问一个7岁的男孩:"如果你有一根魔杖,可以实现一个愿望,改变你的爸爸,你希望改变他什么?"他毫不迟疑地回答:"我希望他别再冲我和妈妈连吼带叫了。"听到儿子的话,爸爸严厉的表情有所缓和,但他忍住了眼泪。他当下就做出承诺,要想办法管理自己的怒气和改善婚姻。

诚实面对自己,观察家庭中发生的事情,这是个困难但十分重要的任务。意识到错误以及自身行为产生的后果,同时又要对自己满怀同情与爱,这是我们大多数人都未曾学习的功课。完成这项任务就好像学习一门新的语言或者一项运动。你需要工具,需要周围人的支持,需要耐心,需要对达成目标的渴望,为此甚至甘愿犯错。在读这本书的过程中,建议你找一个可以信任的人,与他分享你的思考。

做一个"足够好"的父母

最初,发现自己的吼叫对孩子们的影响时,我觉得自己真是个糟糕透顶的妈妈。我觉得这意味着我失败了,我永远也学不会如何做好"当妈妈"这项工作,尽管这是所有工作中我最渴望做好的。之后的几年中,我逐渐了解到,自己经常有不安全感和挫败感,好像总有新的挑战在前面等着我。通过练习,我学会了如何少嚷嚷,少骂人,学会了意识到自己本来就具备的良好的"妈妈本能"。通过观察孩子们的幼儿园老师,我学到了如何不吼不叫也能让孩子们合作。我阅读关于儿童发展的书籍,明白了哪些是孩子在特定年龄段的正常表现。同时我也跟别的父母交流,向他们学习。我了解到自己并不是唯一一个感到困惑的父母。这本书概括了我这些年学到的东西。它将告诉你,你也能成为一个"足够好"的父母,也能学会承受"不知该如何是好"的感受,学会对孩子的行为做出理性的回应,而不是本能的反应。

在做父母这件事上,从无完美可言,所以,要在愉快时欢庆,从艰难中学习。想要做出改变,任何时候都不晚。

不自责,不羞愧

明白你为什么需要减少吼叫,了解你的情绪发作会在孩子身上造成什么结果,这都将成为你减少吼叫的动力。因此,最关键的是你要诚实面对自己,不自责,不羞愧。

当你开始因为暴躁而内疚或羞愧时,可尝试给自己一些不同的评价以改变自己的负面想法。不要想:"我毁了孩子的一生",试试这样想:"我已经尽力了,而且我会继续学习",或者"改变永远都不晚"。花时间来觉察自己的感受和想法,然后找到更好的词来替代它们。如果总是放不掉对自己的负面评价,你就可能会觉得失望,从而挫伤想要改变的动力。你的自我评价至关重要,"不苛责自己"是一种值得用心培育的态度。

孩子们年幼时,我常因为不知该怎么办而自责,有时还会觉得自己是个糟糕的妈妈。在这样的心态下,我也很容易苛责身边的人,尤其是我的孩子。与其自责和羞愧,不如想些实际的办法,从懊悔,到原谅自己,然后找到可以改变的方法。学会为自己喝彩,满怀热情地付出努力,为自己的成功铺路。

采取切实可行的方法

前面我要求你改变思维方式以改变自己的感受。这是因为我认识到了为众多治疗师采用的"认知行为疗法"(cognitibe behavioral therapy, CBT)的价值。我最初了解这个方法是从《当怒火伤害了你的孩子》(*When Anger Hurts Your Child*,麦凯等著,1996)这本书中。当时我正在和马修·麦凯一起为一部20集的电视片工作,电视片说的是关于父母的愤怒情绪。这种治疗法帮助人们更加了解怎样的思维和情绪影响了自己的行为。

这种方法之所以有效,原因之一在于它认为,为了获得更好的感受或者在遭遇困境时有更好的应对方式,人人都具备认识自己的想法,从而改变想法的力量。观察自己的想法,留意并分辨自己的情绪,然后追踪到行为的根源,这是减少吼叫的关键过程。我已经目睹了许多父母从这个方法中获益。

现在,你可以开始觉察到自己的负面想法,然后用积极的想法取而代之。我记得在一次颠簸的飞行中,我十分焦虑。然后我意识到与其不停地对自己说"我要死了,再也见不到孩子们了",不如换一种更简单、更积极(也是可能性更大)的想法:"这一切很快就会过去,我会没事的。"对自己重复这些让人安慰的言语很快就帮我减少了焦虑。在接下来的章节里，你将学到用想法来激发感受和安抚暴躁的情绪是一件多么容易的事。

但是我现在就想减少吼叫！

改变有可能很快发生，但通常会是一个缓慢渐进的过程。

大概在30年前，我忽然在某个瞬间清醒地意识到我应该永久戒烟。我曾经在怀孕和母乳喂养的时候戒过烟。但是因为吸烟能帮助我集中注意力和放松，所以，一旦不需要给孩子喂奶，我就又开始抽烟。第三个孩子出生以后，他还没有到断奶的时候，我就非常想抽烟。我从朋友手中拿过烟吸了一口，立刻，我感到心脏跳动暂停了一次——不是你坠入爱河时心怦怦乱跳的美妙，而是心跳紊乱的恐惧感。我立刻感觉到吸入的这口烟雾会损伤我的心脏，让我在孩子们还年幼时就濒临死亡。这对我很有效，我发誓戒烟，并且，我做到了。

有的时候，与前面描述的我的体验类似，你会突然获得某种动机或洞察，让你很快得到改变。但通常情况下，改变需要得到支持，可能会犯错，需要耐心，需要练习，需要长期持之以恒的努力。与想不想抽烟不同，当收拾玩具的要求开始演变成一场争吵时，你不可能每次都有觉察。当我被淘气的孩子刺激，做出我并不希望做出的反应时，这种情况下要管理好自己的愤怒和挫败感，要远比戒烟难得多。

务必记住，情绪失控只是你身为父母诸多行为的一部分。你并不是每天24小时都在朝孩子吼叫。花一点时间想想最近一次你对孩子做出的充满爱和同理心的回应。当你没有吼叫，你用了什么方式，收效如何？你的感受如何？花一分钟想象一下那样的场景，以及你和你的孩子从中获得的积极结果。这种体验会成为未来家庭和睦的美好蓝图。

我记得有一天我看到儿子欺负他妹妹（他老这样做）。我没有冲他嚷嚷（我老这样做），而是说："马特，今天有人欺负你了吗？"他停了下来，显得有点难过。我知道他需要一个拥抱，也需要时间聊聊在学校里的遭遇。他的行为有隐藏的含义，而平静的心态也让我能够觉察到这一点。他也需要明白，欺负妹妹并不能解决他的困境。

你观察到的，脑海中浮现的，你和孩子相处的结果会提醒你，让你想要减少吼叫。当我意识到我的健康受到威胁，我就有了戒烟的渴望。当我发现我正在示范我所不赞同的那种回应方式，并且不想继续这样做时，我就有了减少吼叫的愿望。诚恳的评估会帮你挣脱束缚，取得进步。

在下一章中，你将学习观察自己。这种将注意力集中在自己身上的艺术将帮助你观察自己行动的方式，观察自己的反应、呼吸、说话，以及感受。这种观察充满同理心，不带评价，只求看到事情的本来面目。当你能够觉察到是哪些行为或者场景将你推入骂战，你就会更容易保持平静，减少对孩子的情绪化反应。

值得思考：我为什么容易吼叫

即便你知道吼叫并不是管教孩子的最好方法，但请注意你是多么频繁地在这么做。吼叫总是突然发生，而并非提前谋划。持续注意吼叫对你以及孩子的影响。它能帮你达到你期望的目的吗？

对你来说，吼叫或许很容易，但是对孩子倾注关切与爱也并不难。可以思想这样的画面，当你不再随便对孩子吼叫时，你会有怎样的感觉。

蒙台梭利教育经典
每位父母都应该知道的《童年的秘密》

扫码免费听，20分钟获得该书精华内容。

第 2 章

我为什么吼叫？
理解促发吼叫的日常因素

> 我从未想到我的孩子会还嘴，并且认为所有人都得听她的。她怎么会变成这样？我现在该怎么办？
> ——布瑞丝，心理学家，有一个 7 岁的孩子

几年前，我读过一本很受欢迎的育儿书，书中就如何让孩子肯听父母的话给出了详细的技巧和方法。但是我惊讶又失望地发现，每当我试图按照书里的指示去做时，反而会更容易冲孩子大叫大嚷，然后感觉一团糟。之所以造成这样的结果，我觉得是因为尽管书的初衷是好的，尽管我也很努力，但是我并没有注意到是什么因素刺激了我的情绪。我从书上学来的应对孩子的方法并不一定合适，反而让孩子们更加刺激我。

在这一章里，你将会识别出日常生活中出现的刺激你情绪的因素，也将发现当你就要大发脾气时，你的身体会有怎样的感受和反应。一旦你找到了来自你的孩子，来自周遭环境，来自你的想法以及你的感受的刺激因素，你就可以有的放矢地做出改变。

在继续读这本书的过程中，你将会学到一些方法，让你更加熟悉自己和孩子的气质类型和反应模式。这一章里我们先来探索那些日常生活中会瞬间把你"点着"的因素。随着自我认知的加深，当自己再陷入不知如何是好的状态时，你就会更有容忍度。在选择对孩子的管教方式时，你将更有想法，更理智，更能够在基于对自己和孩子的爱和了解的基础上尝试并且做出决定。

那些容易让你发脾气的日常因素

崔西有两个孩子，一个7岁，一个4岁。他告诉我："下午4点是我最容易崩溃的时间。真希望我能坚持到5点，在我妻子到家前，不发脾气。那个时间，孩子们累了，容易暴躁，总是互相指责。我在忙了一天之后也很需要一点安静的空间。可我面对的总是孩子们的哼哼唧唧和调皮打闹，搞得我很头痛。"

克里斯蒂是一个妈妈博客的作者，也是两个女孩的妈妈。她说："我最讨厌的事情就是当我正在打扫房间，为出门作准备时，却发现我刚打扫完这间屋子，另一间又被孩子们搞得乱七八糟。这让我觉得有永远也干不完的活儿。是的，我是整洁控。永远准备着说不定哪天会在买菜的时候遇见女王，能邀请她到家里来喝茶呢。"

观察一天当中怎样的环境和哪个时间段是你最容易情绪崩溃的时候，这样做需要勇气，但很值得。虽然每个人都有不同的情绪触发点，但父母的日常生活中也有些共同的"热键"，会启动他们的吼叫模式。比如崔西，他们需要一个计划，让那个崩溃时段的状况有所改变。这一家人负荷过重，很可能他们一整天都在努力工作，在拼命适应，在试图控制冲动。他们应该一起重新思考下午的安排，采取一些措施来减轻每个人的压力。

克里斯蒂的幽默会帮她度过一天当中一些艰难时刻，但她也承认，放弃一些自己的完美主义有助于安抚她的情绪。

外部触发器

触发器指的是一种暗示或者指令。外部触发器来自除了你自身之外的其他因素，可能是任何会让你采取行动的因素，比如：

- 开车时，当你看到前面的车亮起了刹车灯，你就知道要踩刹车了。
- 每次你女儿一开始哼哼唧唧地抱怨，你就会生气。如果她没完没了，你就会开始冲她嚷嚷。这里，外部触发器就是她的声音和她的要求。
- 当你看见你的伴侣又把内衣扔在浴室地板上，你就会生气。他的行为就是你情绪反应的外部触发器。

一天当中，你会对各种人和事做出回应。你对一件事的解读会影响你的情绪和你做出的回应。

不断升级的想法和情绪

当你开始吼叫，你的想法和情绪会不断升级。这是一种内部状态。你可能会感觉到焦虑、害怕、失望，或者生气，或者会对刺激你情绪的当前局面产生许多混乱狂躁的想法。一个外部事件可能成为愤怒情绪的导火索，但之后就是你的想法在为这怒火提供燃料。在《当怒火伤害了你的孩子——父母指南》（麦凯等著，1996）一书中，麦凯指出，在愤怒之前，总有两个排头兵：压力和触发怒火的想法。我赞同这个观点。不过，我用了"不断升级的想法和情绪"这个概念来作为与外部触发点共同导致情绪爆发的因素。

比如，当你看到你的伴侣的内衣在地板上（外部触发器），你开始想（升级的想法）：他真是个懒鬼，我干嘛要事事都替他做呢？或者，我都跟他说过一百次了，让他把衣服放进篮子里，但他根本不在乎我的要求。想到你跟在他身后捡衣服，他却毫不在意，你可能还会感到悲伤或愤怒。

当你继续对自己说这些消极负面的话时，你的情绪就会变得更加紧张。当你的伴侣一进门，你酝酿已久的想法和情绪就会爆发，你冲他大嚷，指责他是个冷漠的懒鬼。如果旁边还有孩子，那么他将成为你的下一个打击目标。内衣是外部触发器，之后你的想法令你的情绪升级到一个爆发点，然后你通过大吼大叫表达了愤怒和伤痛。

当你逐渐了解了自己的触发器以及想法和情绪是如何升级的，你就可以开始作一些改变，阻止情绪的爆发。你无法控制自己每天将会面临什么挑战，但是你却能够控制自己的回应，调整你对自己所见、所闻、所感的解读方式。这种认知行为疗法对解决问题和改变行为十分有效，但是需要你有决心反思自己的感受、想法和行为。

下面两个故事就展示了外部触发器如何在内部发生作用，以及想法是如何升级的。即便它们与你的实际状况并不完全吻合，但你也许可以因此联想到自己的情形。

● **尼克的故事**

尼克是一位在读研究生，正在努力写论文。一天晚上，他6岁的儿子杰森开始吵闹，不肯上床睡觉。儿子的抱怨惹恼了尼克，增加了他的压力。尼克迅速进入了一种常见的思维模式：他之所以吵闹，就是因为我要完成学校的功课。他总是不服从我的管教。他的行为像个小宝宝，他都那么大了，完全可以自己上床睡觉。

尼克逐步升级的想法增加了心中的厌恶，然后他用朝杰森吼叫的方式表达了自己的情绪："因为你吵闹，今晚的睡前故事取消。什么时候你才可以不麻烦我，自己去睡觉呢？我烦死你了！"

尼克吼叫的结果是让自己整个晚上都感觉很糟糕。他想做完功课，但总因为内心的罪恶感而无法集中注意力。而对杰森来说，尼克吼叫的结果是他哭着上了床，他很希望睡觉前能跟爸爸亲热一会儿。在学校待了一整天，他很想念爸爸。他常常感觉爸爸有比跟他在一起更重要的事情要做。

如果尼克能够不让自己的想法继续升级，他也许会想起来，杰森并不擅长适应生活场景的转换。一个在适应变化和转变方面表现迟缓的孩子很容易让父母不耐烦。杰森需要帮助来建立自己的睡前习惯，如果爸爸能放点儿音乐，或者给他讲个舒缓情绪的故事，情况就会好得多。在这本书后面的部分，你会学到如何扭转那些不断升级、导致负面反应的想法。

● 帕特的故事

帕特的故事是个典型的例子，展示了想法和感受如何刺激你进入坏情绪，触发吼叫，并且让你一整天都不得解脱。

帕特一早醒来就觉得烦躁不安。她发现要做的事情太多了。她没时间在晚饭前买菜，所以只能又叫外卖。她对于今天要跟老板进行的会议很担心，然后又想起不能去看女儿的足球比赛，她开始觉得自己是个糟糕的妈妈。

帕特很想陪伴在孩子身边，但是她也努力想要在自己的新工作中留个好印象。她和她的伴侣分手了，所以要独自承受很大压力。

不吼不叫：如何平静地让孩子与父母合作

当帕特在屋子里忙活着收拾准备，孩子们开始央求她做米奇薄饼当早餐，她马上朝他们嚷道："你们当我是什么？你们的私人厨师吗？今天要上学，你们自己弄早餐吃！"

孩子们哼哼唧唧地抱怨，帕特继续吼叫："赶快！我今天可不能迟到！你们知道按时上班对我有多重要吗？你们总是让我买这买那，如果我丢了工作，哪有钱买东西。赶快！"

在吼叫之前，帕特想到的是她忙碌的一天以及工作中的焦虑。她的内心不断产生怒气。做薄饼的要求点燃了导火索，她就爆发了。她的怒火伤害了孩子们，他们只得又困惑又沮丧地去上学。

帕特本可以不通过吼叫的方式拒绝，这样就不会让孩子们觉得是自己的错，而实际上他们只是提出了小孩子都可能提出的正常需求。

练习："那是我的导火索！"发现常见的触发器

导致父母们情绪爆发的典型原因包括疲劳、压力、兄弟姐妹争斗以及孩子不听话和淘气导致的烦躁。每天有太多事情让人无法保持淡定。

下面的列表中你将看到一些常见的触发器和内在状态。认真找出经常刺激你的那些情况。你将发现一些可预见的会引发吼叫的因素。

内部触发器。我大吼大叫，是因为我感觉到
- ☐ 烦躁
- ☐ 饥饿
- ☐ 疲劳
- ☐ 不知所措

第 2 章 我为什么吼叫?

- ☐ 孤独
- ☐ 悲伤
- ☐ 焦虑
- ☐ 被误解
- ☐ 厌恶
- ☐ 没有安全感
- ☐ 困惑
- ☐ 被催促
- ☐ 尴尬
- ☐ 没耐心
- ☐ _____

外部触发器。我大吼大叫,是因为孩子们
- ☐ 互相打闹
- ☐ 不按我说的做
- ☐ 不理会我
- ☐ 和我争执
- ☐ 抱怨
- ☐ 发脾气
- ☐ 不睡午觉或者不按时上床
- ☐ 不按时起床
- ☐ 不自己穿衣服
- ☐ 磨磨蹭蹭,永远也出不了门
- ☐ 抱怨食物
- ☐ 缠着我,黏着我,吸引我的注意
- ☐ 弄出太多噪音

□ 不说实话
□ 反反复复问问题
□ 我都说了别做的事,仍然不肯停下来
□ _____

与孩子无关的外部触发器。我会对孩子吼叫,是因为
□ 我的丈夫(妻子)不按时回家
□ 我开了个很糟糕的会
□ 屋子里乱七八糟
□ 无法和我的伴侣相处
□ 我的妈妈来了
□ 我们要迟到了
□ 祖父母指责我教育孩子的方式
□ 我快来月经了
□ _____

在本子上记下你的触发器,并且随时增加你新发现的状况。在之后的章节中你将要利用你对自己"吼叫触发器"的了解来制订改变计划。不过现在要做的就是继续了解哪些事情会把你"点着"。

当吼叫变成习惯

对一部分人来说,压力和经常出现的情绪触发器会使得吼叫成为一种习惯。一旦成为习惯,就变成了一种不假思索的行为——就像早晨起来先要刷牙,跟孩子们告别时会亲亲他们,还有,进门第一件事是脱鞋。和其他的习惯一样,你不需要思考要不要这么做,而只是按

导致父母们情绪爆发的典型原因包括疲劳、压力、兄弟姐妹争斗以及孩子不听话和淘气导致的烦躁。每天有太多事情让人无法保持淡定。

你已经习惯的方式做出反应。

我只想让他们听我的

当你想要孩子们听你说话时，会大声吼叫，这似乎很自然。因而你经常会这么嚷嚷，也似乎总能达到目的。你会嚷好几遍，当你的声调足够高，孩子们就会停止争吵。既然只有当你提高声调他们才肯听，那么他们的这种回应也就在某种程度上促使你持续这样做。吼叫也因此成了这个家庭解决问题的方式。正如我在第一章中所言，关键是要观察你吼叫导致的后果，否则，你的这种习惯就会变得更加牢固。按习惯行事能让我们的生活更轻松，因为可以把精力集中在更重要的事情上。但是吼叫的习惯对你和孩子都没有好处。

● 扫罗的故事

扫罗，一位有三个儿子的单身父亲，生活的担子让他有些不堪重负。他和孩子们刚刚搬到一个新地方。他任由自己的压力和挫败感主导与孩子们的交流。

通常都是扫罗帮助三个儿子做好上学前的准备。大部分的早晨，他的儿子诺亚都不肯起床也不肯穿衣服。扫罗对此的回应是冲他大嚷："我都叫你三次了。如果你还不起床，到晚上一点电视都不能看！还不快给我起来！"

当扫罗开始大吼大叫时，诺亚就知道真的该起床了。他不喜欢爸爸吼叫，但是多睡几分钟对他来说太有诱惑力了，再加上他很害怕去新学校。他的兄弟们非常讨厌每天早上这种例行的吵嚷，所以会尽一切所能避免让爸爸生气。

扫罗的怒火和吼叫有效地让诺亚爬了起来，所以这个习惯就这么继续了下去。很有可能，扫罗并没有观察和感受过他这样的吼叫对他与儿子们的关系有怎样的影响。

开始打破习惯

你也有动不动就爱吼叫的习惯吗？如果有，不要太苛责自己——习惯是很难打破的。不要期望自己能在一夜之间就改变什么。观察是哪些因素成为你发脾气的触发器，观察你的感受和想法。让自己看到和感受到你的行为对自己和孩子产生的影响。

在上面的例子里，扫罗和诺亚应该有一次真心的交谈，聊聊学校里发生了什么事，是什么原因让诺亚如此疲惫，聊聊搬家是多么困难的经历，一起想想怎样安排才能够让早晨的一切变得井井有条。如果扫罗对儿子的性格有所了解，他就会知道适应搬家带来的改变对诺亚来说非常困难，他就会想一些办法来帮助诺亚顺利起床上学。他也会意识到诺亚是多么敏感，因此自己大发脾气会让他感觉非常糟糕。扫罗也许会愿意再早些起来，在孩子们起床前就先喝完自己的咖啡，吃完早餐，这样就能让他感觉不那么紧张。扫罗还需要一些时间认真考虑：现在他们住在一个新地方，没有家人在旁边，他和孩子们应该去寻求怎样的支持。

在后面第四章关于气质以及第二部分关于行为方式的内容里，我们会再深入探讨这个例子。

酝酿吼叫的土壤

除了吼叫触发器，还有一些很常见的情境会明显降低你对亲子冲突的忍受度，成为酝酿吼叫的土壤。其中最主要的是孤立无援、睡眠不足以及感觉完全没有自己的时间。

孤立无援的父母

和我交流过的很多父母都觉得自己孤立无援,得不到支持。这些父母通常都是搬离了自己原来的家庭,独立养育孩子,没有祖父母或者叔叔婶婶的帮忙。再加上自己工作时间很长,没有时间结交朋友或者寻求帮助。养育一个孩子往往需要社会的合力,但是有相当多的父母缺乏这样的互助网络,完全依靠自己。几年前,我也是这样。

● 作者的故事

当我随我的第一任丈夫搬到旧金山时,他作为一个住院医师,总是要工作很长时间。孩子出生之后,我发现自己陷入孤独:没有和我一样在家照看孩子的朋友。那个年代很少有妈妈互助组织,从网络上也几乎找不到支持。我开始感觉失落和沮丧,而我原本并不是这样的个性。

有一天在公园里,我看到一个女子独自带着一个跟我儿子年龄差不多的孩子。我走过去对她说:"我可以坐在你旁边吗?我正想找个朋友。"她笑了,也说到带着个小婴儿在城市生活会感到多么孤独。我们交换了电话号码,答应很快再联系。之后的很多年,我们一直是好朋友。有另外一位父母相伴,调整了我的情绪,帮助我成为一个更有耐心的妈妈。因为有人可以倾诉,减轻了我作为一个年轻妈妈的挫败感和不确定性。我们常常在黄昏时分一起做点心,或者喝杯红酒,同时让孩子们在一起尽情玩耍。

孤立无援的感觉可能会成为你发脾气的触发器。如果是这样,那就鼓起勇气,到公园、图书馆或者你孩子的学校与其他父母交朋友吧。大部分城市都有父母可以参与的活动,网络上的父母组织也会很有帮助。

缺乏睡眠

如果你感到筋疲力尽，就像大多数父母一样，你该知道自己需要更多的睡眠。当你在上班时打盹儿，总是忘记事情，或者朝孩子们嚷嚷，这些日常小事都已经在告诉你这一点。缺乏睡眠会导致很多问题，比如注意力不集中、烦躁、很难控制情绪、神思恍惚以及容易生病。美国心理学会发布的研究报告称，妈妈的睡眠质量是情绪、压力和疲惫的重要预警信号（梅尔策和明德尔，2007年）。

回顾你的触发器列表的时候，别忘了留意缺乏睡眠对你发脾气的影响。注意当你熬夜看电影或者照看生病的孩子之后的那天的状态。当你深夜守候参加聚会的大孩子归来，第二天你是什么感觉？如果你同时有一个新生的宝宝和一个大孩子，你会发现夜里起来喂奶真的会让你在第二天早上为老大准备上学时忍不住冲他大嚷。

如果睡得不够，爸爸们也容易情绪爆发。大部分有小宝宝的夫妻能够轮流承担责任，一个人夜里起来安抚哭泣的宝宝，一个人早晨照顾天一亮就睁开眼的孩子。如果你是单身父母或者你的伴侣不怎么能帮上忙，你就得想各种办法来帮自己补足睡眠。比如请人帮你把孩子带到他们家玩几个小时，让你小睡一会儿，或者从单位请病假，好好睡一天。

尽管多睡一会儿并不容易，但是这真的是缺觉的唯一解决方法。有很多不错的书和网站可以提供帮助，让孩子好好睡一整夜，我在附录部分列举了一些。

许多找我咨询的父母说虽然他们的孩子能按时睡觉，并且睡得很香，但他们自己因为工作的关系，仍然睡得很晚。有人在孩子睡着后又要打开电脑再工作几小时，有人晚睡是为了能有时间陪陪自己的另一半，还有人则要打扫房间或者为第二天做准备而弄到深夜。

我也没有简单的方法能帮你得到每天七八个小时的睡眠，但我确实认为这很重要。有时候我的孩子们去朋友家过夜，我和丈夫并不会趁机做什么有趣的事，而是早早上床睡觉。

每周评估自己要做的事，找出优先级，然后让自己多睡会儿。当你睡了个好觉，你就能够以平静理智的方式处理问题，而不是大喊大叫。

没有自己的时间

"我照顾所有人，除了我自己。"这句话你觉得熟悉吗？我从父母们那里听到的排行第一的抱怨就是没有单独给自己充电的时间。一位父亲说："我简直无法相信自己会如此怀念那些简单的事，比如跟哥们儿玩球，读本小说或者从从容容地洗个澡。"当你耗光了能量，自然就会很容易焦躁和不耐烦。

● 丽莎的故事

丽莎有一对2岁的双胞胎。产假结束后她决定在家做全职妈妈。她希望能够照顾好孩子们，尤其是因为她的儿子是个有特殊需要的孩子。她原本的工作是作项目经理，非常忙碌。

丽莎觉得不时请人来帮忙照顾孩子是个奢侈的事，因为她觉得自己本来就已经没有收入来养家糊口。她又疲惫又孤单，感觉不堪重负。她怀念上班的时光，那时可以跟同事和客户在一起，能够有成年人的交流，能获得积极的反馈。

在家待了几个星期后，丽莎发现自己越来越频繁地对孩子们发脾气，她很内疚，却不好意思把自己的感受告诉任何人。她没有自己的时间。孩子睡觉之后的那几个小时，她还要收拾屋子，还要尽力找一些时间与丈夫相处。很多时候丽莎会熬夜查邮件，在网上跟朋友保持沟通，这让她更加缺少睡眠。

有一天丽莎生病了，她的姐姐过来帮忙。丽莎忍不住情感爆发，她已经很久没流过那么多眼泪了。她意识到自己已经完全丧失了自我的感觉，对自己的生活毫无憧憬。她对自己的孤独感到绝望，她渴望有时能关掉大脑里当妈妈的那个部分。

很多妈妈都是这样，她们羞于求助，尤其是把自己和那些白天上班、晚上还要照顾家和孩子的妈妈做比较的时候。丽莎给自己一种错觉，认为应该把一切都奉献给孩子们。后来，她为双胞胎报了托儿所，每周送他们去两个上午。那以后，她发脾气的情况明显减少。她甚至开始接一些咨询的工作，可以挣钱贴补家庭开支。她跟其他的双胞胎妈妈有了沟通，决心诚实面对自己"想要有自己的空间"的需求。

丽莎的处境颇为艰难，但她还算幸运——她有资源，也能找到人愿意帮忙。对一些人来说，困难在于缺乏财力，得不到想要的帮助。如果没有钱送孩子去托儿所，或者即便父母很愿意在家，但却不得不接受非常忙碌的工作，那怎么办？如果你没有亲戚朋友可以帮忙，又或者你住在一个不够安全的社区，那怎么办？如果你靠失业救济勉强生活，终日焦虑但仍旧尽力养育孩子，你怎么能够找到放松和休闲的时间？最关键的是要找到或者建立一个由相似状况的父母组成的社区。我孩子小的时候，我每周都会定期跟朋友们轮流看孩子。这个办法非常好，既不花钱，又有助于孩子们以及妈妈之间的交往。一些地域性的养育机构会经常组织活动，这样你就有机会认识其他父母。寻求帮助是一个很值得练习的技能，其他的父母可能也渴望你的陪伴和帮助。

无论身处怎样的环境，你陪孩子的时间越多，发脾气的时间越少，孩子们的状态就会越好。这是你可以做到的事，本书将告诉你怎么做。

爸爸们也会疲惫和焦躁

数十年前，通常是由妇女承担大部分的养育责任，而父亲则只需负责挣钱养家。如今，随着父亲们在养育、烹饪、购物和清洁这类事情中扮演了越来越积极的角色，他们也会因为无暇充电和休息而苦恼。无论是单亲父亲、养父、继父还是普通家庭的父亲，或者祖父，有越来越多的男性参与到孩子的生活中。

和爸爸们沟通的时候，我了解到他们非常爱自己的孩子，但是也经常感觉到疲惫。和妈妈们一样，爸爸们也总是想一力承担所有的事情，他们会发现自己的内在和外部的期待都很高。他们最多的抱怨是停不下来，不管这种停下来是独处，与配偶或者伴侣在一起，或者有朋友陪伴。无法休息或者找不到办法为自己充电，男人们也会变得更容易焦躁。

扎克在尽力照顾自己的四个孩子。他的妻子要工作，而且还在考虑回学校学习。扎克是一个夜班护士，他晚上工作，在家里负责早晨上学之前和下午放学后照顾孩子。理想状态下，他每天能睡6个小时。他的生活就是睡觉、购物、做饭、工作和照顾孩子们。

他和妻子几乎没有时间相处，他也根本无暇顾及自己的爱好，比如在他和朋友们组织的乐队里弹吉他。因为能量耗尽又缺乏睡眠，他常常冲孩子们发脾气。他希望他们能表现出超过年龄的成熟。如果孩子们在房间里玩得太大声，他就会生气。

让扎克意识到自己需要帮助的是这样一件事：一天孩子们在家里玩捉迷藏，而扎克正准备休息。当他儿子打开卧室门要找妹妹时，他失去了控制。他刚睡熟就被叫醒，于是大喊道："我正要睡觉呢，你们简直是%#@。我跟你们说过多少次别在我休息的时候打扰我！你们就只在乎自己。现在，赶紧出去，晚饭前别再让我听见你们的声音。"他越吼火气越大："我真希望一个人住，才能让自己多睡会儿！"话一出口他就后悔了，但也收不回去了。

扎克认为自己是个有爱的爸爸，因此每当他听见自己朝儿子发火时，就会感觉很糟。他道了歉，告诉儿子他很后悔冲他吼叫和说那些刻薄的话。扎克意识到自己的生活已经失控，他和妻子需要严肃地考虑生活中的优先级。

这样的情绪爆发，你应该也不陌生。当压力不断累积，内外资源又很匮乏的时候，即便是好脾气的人也很容易对孩子发火。

了解自己

大多数父母告诉我，当他们开始观察自己的吼叫行为，越来越了解自己的情绪触发器以及容易让情绪升级的想法和感受，通常就会自动减少吼叫。当你开始多花一些时间观察自己与孩子相处的状态，你就会发现自己改变了对待孩子淘气的方式。

意愿坚定和找到触发器是改变你的吼叫行为的关键因素，但这还不够。如果你希望保持更平和和更有耐心的方式来应对孩子的行为与需求，那你要学、要想和要做的还很多。萨拉是我的一个学员，也是一个3岁孩子的妈妈，她告诉我："我觉得自己在这个课上学到的，以及从自己的反思中收获的，全都是为了培养内在的平静与安宁，这是自我修养，与孩子做了什么没有关系。"

以后的章节中我们会再回来讨论孩子的行为。但是现在让我们多花一些时间来自省，了解你自身的想法、感受和行动。

观察自己

自我观察是邀请你不带对错评判地了解自己的想法、感受和行动。这是一个你需要养成的重要且有用的习惯，是减少吼叫的基础功课。

自我观察这个概念并不是我幼时从父母或者老师那里学来的。我不记得有谁关注过我的感受，甚至也没人有兴趣了解我的想法。我的父母爱我，但我持续接收到的信息是：我必须改变自己来满足周围的大人。我的感受对他们毫不重要。

自我接纳、正念（"正念 mindfulness"最初来自佛教的八正道，是佛教的一种修行方式，它强调有意识、不带评判地觉察当下，是佛教禅修主要的方法之一。西方的心理学家和医学家将正念的概念和方法从佛教中提炼出来，剥离其宗教成分，发展出了多种以正念为基础的心理疗法。——译者注）和自我觉知是学校里不会教、生活中也鲜有人示范的课题。我也是在生了两个孩子，经历了一次失败的婚姻（在20世纪70年代）之后，才跌跌撞撞地遇见这些源自东方的理念，它们鼓励我诚实地看待自己和周遭的人群。当我深陷困境之时，我非常渴望更多了解我的生活、我过往的伤痛、我的力量，以及应该以怎样的姿态出现在孩子面前。我希望尽量多学习。但我很快就发现，想要时时记得自我观察并非易事。

当你观察自己，就会发现自己的习惯性行为以及大脑中无法停止的唠叨。举例来说，如果你习惯用右手拿包，试试有一天改用左手。你就会发现右手会不由自主地去拿包，而你总是会忘记自己本打算改用左手。我们总是会不停地思考过去或者未来——试试什么也不要想，从一数到一百。我们总是竭尽全力想要脱离当下，可是当下才是生活。

需要练习才能做到，时刻记得自我观察。我已经练习了差不多40年，但还是会忘记。不过我通常能够观察当下周遭的状况，而不是去考虑已经过去或者将要发生的事。我学会了不纠结于我什么时候又忘记了自我观察，而是在我想起这么做的时候心怀感激。

你会发现，虽然容易忘记，但是随着时间推移，你的不加判断就回归当下的能力也会增加。你也许可以在手机上设个闹钟，帮助自己回到当下。当闹钟响起，你就开始关注自己的呼吸和身体感受。时常自我检查，了解自己的感受。和你每天要做的很多事情一样，观察自己的一个好办法是将注意力集中在你的胳膊、腿和呼吸上。所以，如果你在洗碗，你可以跟随自己的呼吸，感受到手放在水里，脚站在地上的感觉。这种练习能帮助你更多停留在正在发生的事情上，而少去应对还未到来的干扰和压力。

练习正念

"正念减压疗法"是乔·卡巴－金博士（Jon Kabat-Zinn）于1990年在马萨诸塞州立大学医疗中心创造的。了解到这个项目时，我还是"恺撒医疗机构"的一名护士。修习正念能够对人的身心健康产生重大影响，这一概念让我印象深刻。

当时正念的概念和练习方法被用于慢性病患者的治疗。他们学习如何改变自己对待身体疼痛的态度,如何有耐心和不作评判,如何善待自己,以及如何对健康抱有更接纳的态度。卡巴金博士在他的著作《全灾难人生》(*Full Catastrophe Living*, 1990.)中将正念定义为"时时刻刻的觉知,有意识地注意那些我们通常毫不关心的事情"。

呼吸就是个例子,我们通常完全不会在意它。在一些特殊的情境下,你会注意到自己的呼吸,比如爬山、跑马拉松,或者生病、焦虑、害怕的时候。关注呼吸是一个回到当下的方法。如果你能想得起来,试着留意一下当你发脾气时,你的呼吸是怎样的。

你今天就可以练习正念。这并不需要花太多时间,因为你可以在做各种日常小事的时候把注意力集中在自己的身上。开车的时候,刷牙的时候,喝咖啡的时候,你都可以开始关注自己。当你在等红灯感觉没有耐心时,用几分钟来感受你的身体和你的呼吸。留意你的手,它们是不是在紧紧握着方向盘?看看你周围的树或者建筑。你的心思是在过去、未来,还是当下?

此刻,现在,就是你可以全心关注的时候。当你的孩子吵闹的时候,利用这个机会看看你是否能够留意自己的呼吸和身体感受。

观察,而不要评判或指责

如果你已经练习了正念、冥想或者自我观察,你可以将这些技能与孩子的行为和你的回应相联系。核心是不要评判对错。你的任务是发现和审视真实的自我,这样你才会有更多的选择。

看到自己在生活中各种行为的真实情况会带来一种解脱。当你不喜欢自己看到的情况,这时如果能不苛责自己,你就会更加愿意继续观察。比如说,你也许会注意到,如果孩子在正要出门上学的时候又说要去厕所,你就很容易不耐烦,用恼怒的口吻说话。也许你会注意到自己是先感觉不耐烦,然后开始嚷嚷。如果你留意到自己的不耐烦,你就会看到这种情况发生的频率。自我观察和自我同情会帮助你增进对自己的了解,并且知道"准时"是你很重要的情绪触发器。

留意自己面对压力时的想法、感受以及身体反应——不要指责自己——非常关键。不需要对自己苛刻。我们都渴望接纳自己,即便是犯错的时候。

练习:你的身体透露你的想法和感受

当你匆匆忙忙准备去上班或者在做早餐时,你可能不会注意到身体的感受。如果你关注自己的身体,你就会留意到当孩子磨磨蹭蹭或者惹怒你的时候,身体会有什么变化。最终,熟悉自己的身体变化将帮助你意识到自己正在生气或者感到沮丧,同时给你一个信号,让你在被坏情绪占领前做点什么。

比如,当我因为孩子们总是相互打闹而感到生气时,我的呼吸会变快,我会开始踱步,我的脖子、下颌和手会感觉到紧张。时间长了,这些现象就会成为提醒我注意的警示信号。

你的自我评估

以下哪些是你在开始吼叫前身体会出现的变化,请打钩。

☐ 你的双手开始紧张,你会握拳。

☐ 你的体温升高。

☐ 你的声音变大。

☐ 你牙关紧咬,下颌紧张。

☐ 你的呼吸加快,更多是用胸部而不是用腹部呼吸。

☐ 你的心跳加快。

☐ 你的头和脖子感觉紧张。

- ☐ 你的血压感觉要升高。
- ☐ 你眯起眼睛，脸上表情很奇怪。
- ☐ 你的双手放在臀部，或者要开始指指点点。
- ☐ 你的脚开始踏步，或者来回踱步。
- ☐ 你的脸变得又红又热。
- ☐ _____

下一次你开始吼叫的时候，看看是否能够感觉到身体的反应。这是在开始吼叫之前能够喊停的关键一步。当我开始学习注意自己的身体反应时，我会问自己一些这样的问题：我现在的姿势是什么样的？我正在做什么手势？我的面部表情、我的呼吸和声调如何？需要多练习才能熟悉你正在经历的身体变化。

现在试试这样做

现在提醒自己感觉一下自己的胳膊和腿。它们是什么感受？是沉重、轻松、痒痒，还是麻木？现在，注意你的呼吸。毫无压力，做几次随意的呼吸。当你准备好了，留意你周遭的声响、光线的强弱，以及你环视四周看到的物体。它们对你来说有什么不同？

从这个较为平静的状态开始，你自然会留意到更多东西。和孩子在一起的时候尝试这样做，你将更能够对他们做出理智的回应而不是吼叫。

你的孩子看到了什么？

无论你是否看见自己，你的孩子始终在观察你。当你恼怒或者生气时，你觉得他们会从你脸上，从你的身体姿态中看到什么？答案可能会让你十分惊讶。

约翰是一位心理学家，也是个很出色的爸爸。他给我讲了他9岁的女儿凯莉用"清晨怪物"对他做出回应的故事。一天早餐的时候，凯莉走进厨房。她扮出一副难看的面孔，两腿大大张开，一跳一跳的，嘴里还发出类似怪物的吼声。约翰禁不住大笑起来，他问女儿扮的是什么动物。她回答说："我现在是爸爸怪兽。早晨你就是这个样子。"

女儿的回答让约翰相当失望，他问女儿为什么会认为爸爸是这个样子。她干脆地回答："因为你整个早上都很生气。"约翰感谢女儿告诉他这一切，然后满面羞愧地来到镜子前，要看看那个怪物还在不在。它确实还在。

约翰开始意识到，早上自己的脑子里总是有数不清的事情，尽管他不会总是生气，但也常常心不在焉，很容易因为被拖延或者要做的事太多而焦躁。女儿的反馈让他更加觉得有必要观察自己，更多关注当下正在发生的事，而不是为未来担忧。

你的孩子敏锐又敏感，你也可以具备这样的能力。现在轮到你审视自己了。当你也窥见自己生气的怪兽时，试试看你们能否互相了解并且成为朋友。

准备战斗，还是逃跑？

你也许听说过"战斗或逃跑反应"。心理学家沃尔特·布拉德福特·坎农（Walter Bradford Cannon）在20世纪早期首先描述了这种现象。他研究了动物对威胁产生的反应，以及当动物处于战斗或逃跑的准备时，交感神经系统所扮演的角色。他通过尸体解剖研究压力对动物体内器官的影响，并且看到了器官因此所受的损伤（坎农，1915）。

我们的交感神经系统也负责调动身体做出战斗或者逃跑的反应。

当你的交感神经系统开始运转,诸如肾上腺素、去甲肾上腺素和皮质醇之类的激素就会引发身体的多种变化。比如,你的血压上升,心跳加速,消化功能减弱。当面临危险,比如,有人要闯进你家时,这些变化会帮助你的身体和内心做好战斗或者逃跑的准备。

当压力频繁导致激素变化,你的身体就会受到伤害,导致一系列健康问题,甚至疾病。从坎农的研究开始直到今天,科学家们和医疗健康行业的从业者们进行了大量关于压力和愤怒引发的身体反应的研究。

日常生活中的战斗或逃跑反应

压力还会导致你过度反应或者看见实质上不存在的威胁。早晨9点,当你带着一个小婴儿和一个3岁孩子准备出门时,你会发现自己在扫视环境中的敌人。敌人并不存在,但是你已经处于高度警惕的状态,所以如果孩子不乖,你就会跟他发生冲突。当你被孩子的行为吓到,找不到钥匙,或者踩到了乱扔的玩具,这时你的身体就会认为自己遭到了袭击,或者需要发起攻击。

压力导致的反应肯定不会随着孩子长大而消失。洋子的故事会让很多青少年的父母找到共鸣。

● **洋子的故事**

一天晚上,洋子16岁的儿子加井没经过她同意就邀请了一帮朋友到家里来。那天洋子要去赴一个朋友的约会,加井觉得她会很晚才回来。但不幸的是洋子因为身体不舒而提前回家。她一进门,就听见巨大的音乐声。灯光昏暗,两个十几岁的孩子在沙发上亲热,加井和其他朋友在后院抽烟喝酒。

洋子瞬间觉得又气又怒。她脑子里出现的是:他竟然把聚会办到了家里？如果邻居看见他抽烟怎么办？居然还有女孩在场？

她立刻大吼大叫起来："你们这些人在这儿干嘛呢？你们如果不立刻离开，我就要叫警察了！你们还没到喝酒的年纪呢！"她根本没有跟加井交流，就已经假想了最坏的状况。她不停地嘟嘟囔囔，来回踱步，直到所有人都离开。然后她对加井吼道："你这一段时间就别出门了！我再也不信任你了！"加井压低声音诅咒着妈妈，然后砰的一声关上了卧室的门。

如果洋子能够深吸几口气，阻止自己脑子里不断升级的想法，然后把儿子叫到一边谈谈，那么她的脾气就会好一些。在对这种并不容易对付，但也不算少见的青少年问题做出回应之前，她需要先让自己的头脑冷静下来。而且，如果她能先平息怒火，再考虑处罚，结果会更好一些。她当着儿子朋友的面羞辱了他，结果伤害了母子间的关系。

生气本身不是错

记住"生气本身不是错"，这很重要。洋子完全有权对加井的行为生气。如果是你回家撞见这么一个不三不四的聚会，你也会生气。导致洋子做出带来伤害的言行的，是她对事态的反应——她不断激化的想法和感受以及因此做出的愤怒的回应。

你也许会认为是她儿子的行为导致了她的反应。如果他没有举办聚会，那么一切都不会发生。的确是加井的行为加上洋子的想法触发了她的大发作，但是这并不能成为她发脾气、尖叫、威胁和羞辱孩子的借口。如果你也做过类似的事，那么你并不孤单。类似的反应很常见，但是你为自己设定的目标应该是学会审慎的回应而不是过度反应。合适的回应应该是叫加井让大家收拾干净然后离开，之后洋子可以告诉加井她觉得又失望又生气，并且在她平静下来之后跟加井谈谈这样做的后果。

过去的经历告诉我，学习愤怒管理是值得的。在某些情况下，如果我还不够平静和镇定，我会对孩子们说："我现在太生气了，不能跟你说话。等我平静下来我们再谈。请到你的房间去，想想刚才发生了什么。"相比给自己一些时间冷静而言，修复一段被愤怒的言辞和叫骂伤害的关系需要花费更多的时间和心力。

在后面几章，我们会详细探讨触发你吼叫的因素，并且制订计划做出改变。现在只需要专注于了解你自己。如果你希望对关于自我观察和正念修习有更多了解，那么在附录部分能得到更多信息。在第三章和第四章我们会更加深入地探讨吼叫的缘由。你对自己的理解和洞察是找到符合你个性和价值观的解决办法的基础。

值得思考：我的感受和想法不应该控制我

我们每天会产生各种各样的感受和想法。要了解它们的模式和节奏，并且明白我们不必被它们所控制。

要学会划分你的注意力。将一部分注意力用来关注你的孩子，一部分关注你自己的身心状况。如果你需要更多能量来了解自己，那么，多睡会儿。

第 3 章

"为什么是我在吼叫？"
看到更深层的原因

> 我知道我不该因为女儿自己吃饭弄得乱七八糟就朝她大喊大叫，但是怒火就这么从我心底冒了出来。女儿又可爱又有趣，但是我常常感觉焦躁不安，濒临崩溃。我总是怀疑自己没有能力做一个好父亲，尤其是当我听见自己大发脾气的声音时。
>
> ——詹姆斯，2 岁的萨莎和 6 岁的特雷弗的爸爸

为什么你会突然吼叫或者感觉无名怒火熊熊燃烧，可能你也很困惑。看起来是孩子吃饭时弄得乱七八糟惹怒了你，但是一定还有别的原因导致你有那么强烈的反应。有时候，当你深入挖掘时，就会发现隐藏的秘密。

寻求日常情绪触发因素更深层的原因，将有助于你创造一个更和谐的家庭环境，跟孩子有更紧密的联系。这听起来不错吧？那么，拿起你的铲子，开始挖掘吧。

不吼不叫：如何平静地让孩子与父母合作

吼叫代代相传

在你家里，吼叫可能代代相传，已经成为家族文化的一部分。你小的时候，你的父母可能是你的第一任老师，你通过观察他们来了解世界。如果你的父母经常吼叫，那么你也可能会很自然地朝你的孩子发脾气。另一方面，你也许努力保持平静，但遭遇压力时，由于你的童年经历，吼叫就会成为缺省配置。孩子都爱父母，即便他们大发脾气，处罚严厉，孩子仍会以他们为榜样。

忘掉坏行为

在你的成长过程中，父母的好行为你会愿意效仿，也有一些行为你会努力避免。也许，你会有和爸爸一起在花园养花除草的有趣回忆。你从中学到了成年后有用的技能，和爸爸相处的时光也十分珍贵。与此同时，你也会下定决心不要对你的孩子大吼大叫，就像你爸爸那样。

爸爸让你看到父母是多么容易就控制不住情绪，而现在你正在努力摆脱从他那里学到的这一点。如果你发现自己已经很难记起做小孩时的感受，不用惊讶。找一个安静的地方，舒服地坐好，尽可能地回想。如果你给自己一些时间和空间，就会找到有用的回忆，帮助你打破吼叫的传承。当你温柔地将过往的经历带入当下，就有可能减少被动地做出本能反应的情况，而更加能够平静和善解人意地回应孩子的行为。

- **詹姆斯的故事**

    詹姆斯出生于一个军人家庭，他们经常搬家，父母用吼叫和打屁股来管教孩子。他的父母经常骂孩子，也互相咒骂。他们十分严厉，经常因为詹姆斯无法理解的原因生气。詹姆斯特别怕他爸爸，很小就学会了怎样不被抓住。一次，他打碎了妈妈最喜欢的节日餐盘，为了逃避爸爸的怒火，他说是弟弟干的。作为家里的长子，他的本能是要保护弟弟妹妹，但是为了避免成为父母怒火的目标，他学会了让他们来承担自己的错误。

詹姆斯的父母节俭、勤劳，受过良好的教育，总是把家里收拾得整整齐齐，孩子们也打扮得很清爽。他们不让詹姆斯带朋友来家里玩，因为他们会把屋子弄乱。他的父母性格孤僻，日常生活与笑声和欢乐无缘。他被要求努力学习，如果作业没做好，吼叫和惩罚就会接踵而来。一天晚上，爸爸因为他科学作业没有完成而大发雷霆，这件事也让詹姆斯对自己发誓，以后绝不对孩子大吼大叫。

长大之后詹姆斯成为一所高中的老师，他工作努力，深得学生和同事喜爱。他喜欢他的工作，但却因收入问题承受很大压力。他和他的伴侣克丽丝想要买一所大房子，安居乐业。现在他们俩租住在一个很小的房子里，但所处的社区非常适合孩子生活。詹姆斯决心给孩子们安定的生活，这是他的童年所缺失的。

然而多年环境造就的习惯很难改变。詹姆斯发现自己很快也开始对女儿发脾气，他觉得十分沮丧。尽管有觉察也有领悟，但他还是常常控制不住自己的情绪。他的大儿子特雷弗性格温和也很听话。但女儿萨莎倔强、个性很强，什么事情都要自己做。（在第四章，我们会探讨气质与引发吼叫的关系。）萨莎的性格常常激怒詹姆斯，尤其是当她因为要求未被满足而大哭大闹的时候。在詹姆斯小时候，哭闹会招致父母更多的吼叫。所以他得学会安静坚忍。愤怒的火不能烧向孩子们。

当你反思童年的经历，导致你现在发脾气的原因就会显现出来。我的童年至今仍影响着我与我已经成年的孩子的关系，对此，我常有新发现。我 25 岁的女儿出门前，我会问她穿够了衣服没有，这时我耳边会响起我妈妈的声音。当我问了太多的问题，儿子脸上生气的表情会让我想起我的父亲。

"我如何能够不再重蹈父亲的覆辙？"

詹姆斯的处境许多父母都不会觉得陌生。他来到我的课堂，眼中含泪说："我不想像我父母那样吼叫。我跟我的学生相处得很好，可是面对女儿的时候，我就变成了一个恶毒的人。请帮助我不再重蹈父亲的覆辙。"

在课上，父母们会思考触发他们吼叫的因素，看这些因素是否跟童年的经历相关。听了其他父母的故事，詹姆斯开始更深地了解到，他的父母对待他的方式如何影响了他现在对待女儿的方式。詹姆斯知道，有时候他的反应跟他爸爸一样。他说，当自己被激怒，变得严厉，双手交叠在身体前面，他能从自己的声音里听见爸爸的声音，在自己身体里感觉到爸爸的影响。随着更深入的挖掘，他意识到，当年父母坚持要求房间始终保持整洁的做法影响了他如今对萨莎把饭桌弄得乱七八糟时的反应。在他小时候，玩食物是不被允许的。

意识到自己的手势、姿态、面部表情以及语调能够帮助你更加了解自己的行为以及与之相联系的想法和情感。当你想要有所改变，调整你的身体，你将会对自己的感受和需要有更多了解。

詹姆斯此前从未将自己父母对整洁的要求与自己如今不喜欢女

儿吃饭时弄脏饭桌联系起来。当你看到这样的联系，你就前进了一步，对下一次自己将作何反应就会有所选择。这种洞察就像一束光，照亮前路，帮你选择自己做父母的方式，而不是变成你父母作风的回响。

你的家庭中有"遗传性吼叫"吗？

"我肯定属于'代代相传的吼叫'这一类。自从我离开家，摆脱了父母的吼叫，我从未想过吼叫会成为我的问题，直到我的儿子2岁时。

我真希望有类似《怀孕指南》一类的书能有一个章节告诉人们，反思自己的童年也是迎接孩子降生时要做的准备。我希望当初有人能警告我，吼叫这个恶魔会再次露头。"

——杰西，两个活力十足的男孩的妈妈

你的父母也许无力打破遗传到他们身上的吼叫死结，但是你能：

现在开始思考下列问题。你的回答会帮你了解生长环境是如何改变你的反应的。然后这些思考可以帮助你打破吼叫的传承，打造新的传统，成为你想要成为的那种父母。

- 你的父母、祖父母或者其他看护人是否经常朝你吼叫？
- 他们吼叫的频率如何？
- 他们会对哪种行为发脾气？

- 当他们吼叫时，会说很伤人的话吗？
- 他们的吼叫是否伴随着咒骂或体罚？
- 当他们朝你吼叫时，你的感受如何？比较常见的感受包括害怕、屈辱、生气、松了一口气、被出卖、被拒绝。
- 你是否认为自己是个"坏孩子"？
- 你是否认为自己应该被骂？
- 他们是否对你道歉？
- 他们的哪些管教方法你更喜欢？如果有的话。
- 如果不吼叫，你希望他们怎么做？
- 他们的吼叫对你管教自己的孩子有什么影响？
- 他们的吼叫对你成人之后对自己的认识有什么影响？

可以考虑与你的育儿伙伴或好朋友一起思考这些问题。找出他（或她）发脾气的经历。你的努力会帮助你过去的创伤得到治愈，同时打破吼叫的循环。如果你愿意，把答案写在本子上。写下来可以帮助你记忆，同时也会让你关注那些你需要特别留意的地方。

改变的机会

我们的童年都有困境，我们也都曾尽力应对。作为成年人，你如今有能力面对童年的经历，能理解许多感受，并改变自己的行为模式。怀抱同情回望当年那个小孩，以及你和你父母曾面对的挑战，会让你学会很多。

当我想起小时候那些伤痛的经历，我很庆幸现在能够超越我的父母,了解自己,了解孩子的需求。我的父母在当时的环境中,以他们所知,已经尽他们所能。尽管我未能完全遗忘过往,但我已经原谅了他们的错误。

我后悔因为自己的无知、不成熟和缺乏经验,在孩子们小时候造成了他们的痛苦。当你意识到自己的错误,感到后悔是正常的。作为父母,我们都不完美,诚实地看待这一点就已经是一种巨大的解脱。记住,在这条路上,你并不孤单。

迁怒于人:我到底是在朝谁发火?

我们在与他人的交往中感到愤怒时,孩子往往很容易成为发泄的对象。当你把怒火指向另一个人,而不是最初让你生气的那个人,这就是迁怒。人们经常会选择一个更安全的对象,比如孩子,来发泄怒火。

当你吼叫时,问问自己:我到底是在对谁生气?你可能会发现根本不是你的孩子,而是别人:你的老板、配偶、搭档或者你妈妈。

比如詹姆斯,他因为女儿弄乱了饭桌而吼叫,但这其实是对自己的童年被过于严格要求的反应。当他思考这个问题时,他发现自己其实也对伴侣克丽丝生气。当克丽丝出差时,詹姆斯早上要负责安排孩子们起床去上学,晚上还要收拾床铺让孩子睡觉。当詹姆斯全天候"当值",面对一大堆事情时,他对克丽丝的怒火就被点燃了。詹姆斯的愤怒表明他需要对自己所承担的责任做出调整,并且与克丽丝进行更好的沟通。找出他需要克丽丝做什么,将有助于减少他冲孩子们发脾气时感受到的愤怒和沮丧。

想想是否有这样的情况,当你冲孩子们吼叫时,你其实是因为对其他人生气。这里有几个例子可以帮助你觉察自己是否因为别人的问题拿孩子出气。

● **汤姆的故事**

汤姆的老板管得又多又严厉。几乎每天回到家，汤姆都是怒气冲冲，满腹埋怨。一个晚上，忙碌了一整天，又开了很长时间车才回到家的汤姆，一进门就发现儿子没有把该做的家务做完。他想也没想就冲儿子大声嚷嚷起来："你为什么还没把你的房间整理好？我昨天就告诉你了。你真懒！你永远要等到最后一分钟才肯做事！"

如果汤姆能够停下来听听自己的声音，他就会意识到他很像自己的老板。就在几小时前，他的老板说："汤姆，你今天没完成报告让我很失望。我希望你能更好地管理自己的时间。这样你才能做好工作。"汤姆觉得老板是在威胁他。开车回家的路上，他的想法进一步升级——我搞糟了！我永远也没法升职了——诸如此类的想法，让他心中充满羞愧。

当他又生气又害怕地回到家，看到儿子拖拖拉拉没做完家务，他脾气大发，说了难听的话。儿子乱糟糟的房间，加上认为儿子懒惰的想法，触发了他的吼叫。他是在借此释放自己的郁闷，而且，也可能是在儿子身上看到了他对自己不满意的部分。

有时候，当你看到自己开始对通常并不会在意的事情过度反应，那么你或许能够在发脾气之前觉察到自己在迁怒于人。下面是另一个迁怒于人的例子，不过那是我亲身的经历。

第3章 "为什么是我在吼叫？"

● **作者的故事**

我还记得几年前的一个晚上，我控制不住自己，冲孩子们大吼大叫，因为他们没有配合我布置好餐桌。那天下午我非常忙，晚上还有一个会议要参加。我丈夫米克正十分放松地在一旁休息，看报纸，完全没意识到发生了什么。

事后我意识到，我基本是因为米克的原因朝孩子们发火。就在我忙进忙出做各种事情，情绪越来越糟糕时，他居然完全没看到，还在一旁休息。这令我十分生气。我过激的反应显然超过了应有的尺度。孩子忙着玩，不肯停下来收拾桌子并不是什么大错，他们往往只需要提醒一下而已。

我的吼叫达到了想要的效果：它吓得米克从报纸堆中抬起头来，他听见了我的声音，知道我需要帮助。但我没有直接找他帮忙，我生气是因为米克应该不用我说就主动查看需要做的事。听起来很熟悉吧？我甚至还记得自己升级的想法。大概是：他怎么那么麻木？什么事都要我做，他居然能看报纸。还有，孩子们为什么就不能听我的话，做好该做的事呢？每个人都能想干什么就干什么，除了我！

实际上，米克已经做了他负责的那部分家务。所以我明白是压力导致了我的愤怒。我很抱歉把自己的情绪倾泻在孩子们的身上。米克听到我的吼叫，赶紧过来帮忙。他本来也可能加入战团，也冲孩子们嚷嚷，但他保持了平和的情绪，并没有和我一起发作。

你能看得出来吗？这样的场景可能助长我以后继续朝孩子们吼叫。米克放下报纸，起来帮我，让孩子们收拾好了桌子。我的吼叫，颇为讽刺地，让我达到了目的。这可能促使我不愿意学习跟孩子平等沟通，或者与丈夫直接交流，而选择通过朝孩子发火来达到目的。为了收拾桌子朝孩子吼叫是不应该的。导致我朝家人发火的原因是我对自己，自己的想法和需求的不了解。一旦你开始注意到自己有时候会迁怒于人，会通过朝孩子发火来发泄你对其他人的不满，那么你就会开始改变：你将能够减少吼叫。

从你的愤怒中学习

愤怒可能无法避免。但是了解你的愤怒——谁真正惹你生气，以及你选择如何表达自己的愤怒——确实能够帮助你停止吼叫。

比如，当我开始朝孩子而不是我的丈夫吼叫，我的愤怒帮助我看到我并不关注自己的需求。在我开始生气之前，我并没有要求丈夫帮我。但是因为我断开了与自己的感受和需求的连接，所以直到我朝孩子发了火，丈夫起来帮忙时我才意识到自己的感受。发脾气之后我感觉很糟，我再也不想这样了。这件事之后，我想要改变的决心更为强烈。

你的怒火可以被熄灭也可能被点燃。一旦你理解了自己的目标并且学会了新的方法，你就会有所选择。在《当愤怒造成伤害》（*When Anger Hurts*，麦凯等著，1996）一书中，你能找到对愤怒情绪的实用且有见地的探索。我再次提到这本书，因为我发现它对于那些从未听说过愤怒管理以及认知行为疗法的父母来说非常有帮助。麦凯谈到愤怒有时能够作为一种警示，帮助我们看到：这里有问题需要解决。

比如，如果你发现自己常常因为十几岁的孩子还总把脏盘子扔在水池里不管不顾而生气，那么，你就需要有所行动。你可以召集家庭会议重申规矩并且让大家了解不遵守规矩的后果。（我们会在第二部分了解如何不通过发脾气来表达愤怒。）

当吼叫和愤怒导致虐待

感到愤怒与把愤怒当作武器伤害别人是不同的。每个人都会表达自己生气的情绪,但你用自己的情绪来做什么,这对你与周围人的关系以及你自己的身心健康都十分重要。

大量研究结果证明,"宣泄怒气"对你和你关心的人都没有好处。麦凯在《当愤怒造成伤害》一书中解释道:"表达愤怒有可能让你更加生气并且巩固了一种生气的态度。"(麦凯等,2003,18)

愤怒很快会导致大怒,无法控制情绪然后开始大吼大叫,变得暴力(扔东西、摔东西或者对别人造成身体伤害),或者欺负人。如果你的愤怒升级,变得很难控制,那么你有可能会虐待你的孩子。

在我担任顾问的一个电视短片中,摄制组在三个希望减少对孩子发火的家庭中架设了摄像机。有一位母亲,平时很爱孩子,常常陪孩子一起玩,但是一旦压力过大就会骂人甚至虐待孩子。她正怀着第三个孩子,从小她父母就常常对她吼叫。在短片中,我们看到就因为儿子不听话,她就让他像狗一样吃掉地板上的食物。

另有一天,孩子们的哭泣和埋怨惹恼了她,她的吼叫开始升级,突然抓起儿子用力摇晃。事后她对自己的行为十分后悔和羞愧。她说:"我想如果没有我,他们也许能过得更好。"在这个例子中,这位妈妈需要咨询和帮助来处理她的愤怒,以及可能的抑郁情绪。很清楚,她非常关心自己的孩子,但是她的压力太大,已经不能够处理日常生活中的某些问题。

即便遭遇吼叫或者怒火,孩子们仍然会爱他们的父母。你的孩子需要你寻求支持和帮助,懂得尊重他们,不要伤害他们。诚实地了解你对愤怒的表达方法。如果你的吼叫经常演变为大怒,那么除了阅读本书,专业的帮助也很重要。

发现藏在愤怒之下的感受

当你生气时,你也会经常经历其他给你带来压力的情绪,而愤怒的叫喊会让你无法感受到其他的情绪,比如恐惧、悲伤、无助,或者受伤。吼叫也许能帮助你暂时释放压力和痛苦,但这样却会给你和孩子带来其他不良后果。如果你想更好地了解自己,你的愤怒能够帮助你看到其他的情绪,这样你就可以感受它们,找到办法照顾好自己。

下一次当你朝孩子发火时,问问自己:除了愤怒,我现在还感受到了什么?是否还有一些难以名状的感受? 这些感受可能是害怕、难过、悲伤、失望、被拒绝、被伤害、羞愧和沮丧。当我们的情绪自动转为愤怒时,就很少有机会了解自己复杂的感受。

詹姆斯,就是那位因为女儿吃饭弄乱了饭桌而发脾气的父亲,后来告诉我们,他隐藏的感受是悲伤。他因为没有一个自由自在、想乱就乱、爱玩就玩的童年而悲伤。当他开始反思自己儿时的缺失时,他发现这反而能让女儿获得她需要的乐趣。后来,他可以全情投入,和女儿一起开开心心做傻事,这真是了不起的成就。是隐藏的悲伤让他不能够和女儿一起获得快乐。他本来是想躲开那些痛苦的回忆,但他后来意识到,找出痛苦的源头反而能够减少它的力量。他和伴侣一起讨论这件事。克丽丝同意减少出差,给他更多支持。

当我因为孩子们没有布置餐桌而发脾气,我没有意识到其引发原因是隐藏着的对丈夫的情绪。容易看到的是,我因为他没有注意到我需要帮助而生气。但更难承认的是,我也因为我们好几个星期没有时间单独相处而感到伤心失望。前一周我们错过了约会,但他看起来毫不在意。当我们谈起我冲孩子发脾气那个晚上发生的事时,我才会跟他说起我其他的感受。他保证说他也很想能跟我单独约会,并且坚持立刻在日历上确定一个新的约会日期。对我们来说,这样的沟通模式

当你生气时,你经常也会经历其他给你带来压力的情绪,而愤怒的叫喊会让你无法感受到其他的情绪,比如恐惧、悲伤、无助,或者受伤。吼叫也许能帮助你暂时释放压力和痛苦,但这样却会给你和孩子带来其他不良后果。要想处理吼叫的问题,你要发现藏在愤怒之下的感受。

并不陌生,因为有它,我们最终能够更快地认同自己隐藏的感受。我还在努力学习如何直接寻求帮助。

当你能够意识到自己卡在哪里,能够认同自己的感受和需要,那你很快就能得到疗愈。如果顺利,你将能够努力接近你希望自己成为的那一种父母。你从这本书中学到的工具将帮助你不需要通过吼叫也能减少压力,了解自己的感受,并让自己为应对常常惹你发脾气的日常场景做好准备。

你的健康状况如何?

你的身体健康影响你的情绪,而你的情绪也反过来影响你的健康。大量对身体的研究发现,压力会让人更容易生病。很多父母都承受着巨大的压力,睡眠不足,吃饭总是匆匆忙忙,并且没有时间锻炼(科恩等,1991,1998)。这些与生活方式有关的问题会增加你患病的概率,也让你更加焦躁和易怒。

太多父母和看护人想不起来关注他们自己的健康。问问自己是否忽视了自身的健康,反思一下你的生活方式。与你爱的人做一次严肃的谈话,聊聊如何能够通过一些细小的改变来减少你的压力,重视自己的健康。在第九章,我们会涉及其他一些会导致你大发脾气的身体和情绪因素:疾病、失调或者变动。下面两个故事说明了健康问题是如何导致吼叫的。

● 乔西的故事

乔西总是头痛,但是他不愿意花费时间和金钱去看医生。他动不动就冲孩子们大叫大嚷。最容易令他发火的就是,孩子们在屋子里跑来跑去,发出各种声音——这些事一般小孩都会做。他注意到,每次嚷嚷完,他的头痛就会加重,还经常会脸红和头晕。因为他家有高血压和肥胖的遗传史,他开始担心自己的血压会升高。

乔西陷入了一种因为不舒服而增加压力,压力又导致吼叫,吼叫引发更多不舒服的循环。他持续的吼叫损伤了自己和孩子们的健康。和大部分男人一样,乔西认为没必要一有点小小的不舒服就往医院跑。他也不希望讨论自己不健康的饮食习惯和缺乏锻炼的问题,而这绝对是他的医生会提到的话题。

乔西的例子并不少见。大量针对男性健康的研究表明,他们远比女性更少接受专业的医疗帮助,这种现象在不同收入状况和不同种族中都很常见(维尔伯格,1985,1989;库特奈,2011)。

你认识那种觉得自己无所不能的男人吗?男孩从小就被认为应该坚强,敢于冒险。我们的社会和媒体经常向大家灌输"男性更强大",不需要任何帮助的形象。男性健康专家和心理治疗师威尔·库特奈(2011)说,大部分男性都不愿意为自己的健康状况负责,事实上,在有关体重和健康问题方面,他们的认知远不如女性。他还认为,男性常会得出错误的假设,认为自己不容易受伤或生病。

● *海瑟奶奶的故事*

海瑟奶奶有四个孙子,年龄从2岁到10岁。自从她开始负责照顾这些孩子,她和丈夫就很少有时间关注自己的健康状况。我常常在海瑟带孙子来体检或者看病的时候遇到她。最大的孩子在学校不断遇到问题,为了在孩子需要的时候尽力提供帮助，海瑟已经筋疲力尽。每次预约门诊时，海瑟都会把最小的孩子带在身边，这样她丈夫就可以在家休息一会儿。我们经常会听到海瑟对小宝宝嚷嚷："现在坐下，什么都不许碰！坐着！别出声。"海瑟稍不留意，那个小家伙就会跑到大厅里。此时海瑟奶奶就会一路追赶，一路吼叫。

一天，海瑟感到眩晕，并跌倒在地。我们赶快实施急救，并把她送到住院部，然后帮她照看孩子。海瑟被诊断为短暂性脑缺血（TIA）。这种病实际上就是轻微的中风，往往因为大脑缺血导致。TIA被看作是中风的先兆，绝不能忽视。

海瑟的高血压以及其他一些健康问题得到了治疗。检查和药物减少了她发脾气的状况，尤其是，作为治疗的一部分，医生让她参加了一个基于正念修行的减压课程。一位社工帮她找到了大孙女需要的教育方面的帮助，2岁的小孙女也找到了一所可以提供帮助的幼儿园。

海瑟愿意为她的孙子们付出一切，但是她也需要明白健康对于她的易怒、疲劳和爱发脾气有巨大的影响。她承受的压力影响了她的健康，而健康状况又增加了压力。有越来越多的祖父母在抚养孙辈，导致他们在晚年无法照顾好自己。

羞愧

在一个周末的女性休闲活动上，我一拿起布瑞尼·布朗（Brené Brown）的《不完美是一份礼物》（*The Gifts of Imperfection*）(2010)这本书就放不下，直到一口气读完。它帮我放下了另外一种自责。"我们对自己了解多少非常重要，"她写道，"但有另一件重要的事值得你在生活中全心投入：爱自己。"

当你感到羞愧时，你可能有一种潜藏的感觉是你不够好，有瑕疵，不值得被爱。当你对孩子吼叫，用尖刻的话指出他们的不完美，这种羞愧感就很容易传递给孩子。如果你对自己苛责，就一定会对孩子苛责。当你的孩子做了什么你不赞同的事，你朝他嚷嚷："你真是个坏哥哥，你怎么就不能乖一点？"与对他说："你不让弟弟玩球会让他很难过"，这两种回应有巨大的差别。第一种说法暗示他是坏孩子，而第二种指出了你希望纠正的具体行为，并且强调了同情心。当你冲孩子又吼又叫，骂他们坏、刻薄、愚蠢或者自私时，你会让他们感到羞愧，也延续了隐藏在吼叫之下的你自己的羞愧。

治愈你的羞愧

和许多养儿育女的问题一样，首先需要从自己开始。在这里，第一步就是治愈你自己的羞愧。

我所知道的治愈羞愧最好的办法是，当羞愧的感受出现时，接纳它。要尝试了解你身体和内心的感受。

当我有羞愧之心时，常常感觉自己渺小、困惑、无力。当我对某件事情有过度的情绪反应时，我就知道问题出现了。当我发现自己感到失败、准备要放弃、想要吮着拇指缩回到胎儿状态，我就知道羞愧又抬起了它丑陋的脑袋。因为羞愧，我变得短视，只能看见自己的错误并且对这些错误纠缠不休。

我已经学会问自己为什么会感觉那么糟糕，并且能够与一个充满同情心的倾听者分享感受。我知道跟我丈夫（他总是愿意倾听）或者朋友倾诉需要勇气，但它能帮助我打破羞愧的魔咒。现在，当我感觉到来自童年的羞愧或者屈辱时，我会观察这些感受。我会提醒自己：我现在是个成年人了，拥有小时候没有的自由和力量。我有选择，也有强烈的善待自己、尊重自己的愿望。当你不再从羞愧感的面前躲开,它们也就没那么大的影响力了。

羞愧是人类的一种情感,每个人都有,但却很少有人谈论。总是把这种感受藏起来,它就会变成负面的想法或行为。将它暴露出来,它反而有可能消散。如果可以,给你的朋友或者你爱的人打个电话,告诉他你想聊聊,因为你陷入羞愧之中,你想要重新找回对自己的同情与爱。

● 林的故事

如果你的童年经常遭受羞辱,你要注意现在当事情不如你意时,你是否会对孩子过分苛责或者因为他们而感到羞愧。40岁的平面设计师林的故事就是这样。她来找我探讨女儿的问题。她聪明有礼,非常真心地想改变自己做妈妈的方法。

她有两个年幼的孩子,都是在美国长大。她的父母出生在中国,如今是慈爱的祖父母,帮她带孩子。他们负责全天照看小宝宝,以及送3岁的孩子去幼儿园。林对他们的感受十分矛盾,因为他们总是批评她做妈妈的方式。她感激父母也依赖他们的帮助,但又常常因为他们而觉得自己是个失败的妈妈。

林的父母指责她经常冲孩子发脾气,但有时候又说她太惯着孩子,只要一哭就满足他们的愿望。林想要找到合适的管教方式,但大部分时候她实在太累了,根本无力思考。她丈夫试图帮忙,但他们又总是争吵。

一天,她2岁的女儿麦麦(她这段时间正在练习自己上厕所)笑眯眯地看着她说:"你看,妈妈,我尿尿在地板上了。"林迅速抓过女儿大嚷起来:"麦麦,这太恶心了。你真淘气,你必须马上把它清理掉,要不然你哥哥会被你的臭尿滑倒的。"林让女儿自己把尿清理干净,然后把她送回她自己的房间。当女儿在地板上尿尿时,林升级的想法是:她是为了吸引我的注意,故意这么做的。她不应该那么淘气。在那个时刻,林无法做到教育孩子而不羞辱她。

林不记得小时候练习过自己上厕所,但她妈妈说这事儿很容易,还说林小时候很乖,从来没有在这件事上出过差错。但这只增加了林觉得自己无能的感觉。尽管她知道每个父母都会犯错,都会不知所措,她仍为自己的不完美而羞愧。她也知道每个孩子都会犯错,羞愧感并不能带来任何帮助,但那些伤人的话就这么从她嘴里蹦了出来,她为此十分懊悔。她从未真正谈论过自己的羞愧感以及儿时缺失的关爱。

林努力平衡工作和家庭生活,但深感力不从心。她是个完美主义者,拼命想做一个美丽、性感、工作努力、把家打扫得干干净净、把孩子养得彬彬有礼的妈妈。她感到婚姻不幸福,期望咨询能给她帮助。她已经准备好主动行动,寻求帮助,让自己与丈夫的关系重新找回亲密和友好。她明白与丈夫的亲密感能让自己少发脾气,让生活重拾欢乐。

我看到,在通往健康和治愈的旅途上,林已经准备好要出发。她经常性的吼叫让她看到了自己的愤怒、挫败与羞愧。她想学习新的与家人沟通的方法。她对自己吼叫的觉察帮助她触摸到童年,那个被骂、被处罚和羞辱的小女孩。现在,即便已经成年,她的父母还在继续让她感觉自己很糟糕。

值得思考：我为什么那么生气？

需要勇气你才能够深入挖掘，找到让你无法尊重孩子，与孩子顺畅沟通的障碍。你是否在一个经常发脾气的家庭长大？你是否在生某人的气？你的健康是否影响到你的情绪？你是否有其他感受没有被注意？这些都是值得探索的问题。

如果你觉得没时间深入探索，要记得，从长远来看，这样做会节约你的时间。陷入力量斗争和吼叫比赛既耗时又费力，最终会损伤你的健康。

下一次当你又朝孩子吼叫时，抓住这个机会自我觉察：深入挖掘，找到藏在你的愤怒之下的东西。直面你的恐惧，用爱关照你的羞愧，或者原谅自己因为又在商店里发火而感到的尴尬。藏在愤怒下面的感受需要被发现，被注意，被同情。

第 4 章

气质会带来什么影响?
让你的养育方式适应孩子的天性

> 我是个商人,我在家工作,每天很早就有很重要的电话。当我看到儿子磨磨蹭蹭出门、上车去学校,我就气得要命。我都跟他说过一百次了,我早晨的电话非常重要。他总是沉浸在自己的想法里,对我的吼叫置若罔闻。对任何人来说,一个小时足够做好准备、走出家门了吧。
>
> ——布鲁斯,一个没有耐心、情绪紧张的父亲,
> 有一个适应性差、注意力不集中的10岁儿子

各种不同的事件、想法和情绪都会触发你的脾气,但这些影响都能被三个特殊又重要的因素减弱或者加强。这三个因素是:你的气质,孩子的气质以及两者如何互相适应。

在这一章中,你将会了解到,为什么总是你的某个孩子常常惹你生气,而其他孩子则没有是非。或者为什么邻居的孩子总是那么安静温和,而你的孩子却从早到晚着急忙慌。你还将知道,在刺激你吼叫、引发你与孩子争执的各种因素中,你的气质扮演了怎样重要的角色。

透过气质的角度观察

在经典书籍《你的孩子是个独立的个体》(*Your Child is a Person*)（史黛拉·切斯、亚历山大·托马斯和赫伯特·伯奇，1977）中提出了这样的观点：气质是一个人的行事风格。他们解释说气质不是"做什么"，或者做了什么事，也不是"为什么"，或者行为的动机，而是"怎样做"，是我们行动的方式，是行为的另一种表达。不同的气质——你的和你孩子的——影响着你与孩子在一起的日常生活。

你的孩子天生就具备一套性格特质，从婴儿期开始就影响着她所面对的挑战与经历。随着时间推移，由于环境和营养的不同，他的气质可能会有所改变。理解气质的差异——你的，你伴侣的，每个孩子的——可能会给你启示，并给你一把钥匙，让你开启你与孩子连接和理解的大门。它还能帮助你找到减少吼叫、享受亲子时光的方法。

气质眼镜

对气质的思考会给你一个看待行为的独特角度，也能帮助你获得从未有过的对孩子学习方式的理解。

想象一下，你去找验光师，她拿给你一副旧眼镜。你透过这副眼镜看见你的儿子，他的样子模模糊糊的，他的行动看起来像个谜。你意识到自己的旧眼镜已经不能够看清楚自己的孩子。随后，验光师给你一副新的"气质眼镜"，让你戴上再看看你的儿子。突然之间，你的视线清晰了。你看见他的微笑，眼中闪烁着淘气的光芒。你看到他嘴角留着巧克力的痕迹，正在告诉你他为自己可以够得到巧克力蛋糕而十分骄傲。你看到他的力量、他的坚持，以及他对学习的热情。你头一次发现你们俩是多么相像。你奇怪自己为什么那么容易对他发火。你要求留下这副"气质眼镜"，以便能够继续看见和接纳儿子本来的样子。

如果孩子的行为总是让你觉得很难对付，充满挫败感，那么对气质的了解能够给你们共同面对的难题带来一些启示。我真希望在孩子小时候就能明白这些道理，不过，学习任何时候开始都不晚。在与我的已经成年的孩子的互动中，在与我的丈夫和孙辈相处的过程中，我常常会从气质的角度思考问题。

气质："正常"的定义很宽泛

大部分专家认为气质的基础是基因：我们生来就有自己的风格。在心理学家史黛拉·切斯和亚历山大·托马斯——他们是气质研究领域的先锋——的研究工作之前，父母，尤其是妈妈常常要为孩子的行为问题承担责任。他们倍受尊重的研究项目："纽约纵向研究（1955-1985年）"帮助父母和专业人士从一个全新的角度看待孩子的行为。他们相信孩子与生俱来的差异是决定他们行为方式的关键因素。他们将这些差异定义为9种气质类型：活动量、节律性（或者规律性）、接近或者回避性、适应性、反应阈值（敏感度）、反应强度、情绪本质、注意力分散度、坚持度。

了解孩子的气质才能理解他的行为问题、社会交往、偏好、争执方式。气质不是孩子行为的动机。一个孩子好动（气质），喜欢跑来跑去，与一个孩子因为不肯离开公园而从你身边跑开（行为动机）是不一样的。孩子会如何面对一个新的任务或者挑战，部分取决于他的气质。谨慎的孩子需要更长的时间才能接受一个新保姆。而一个外向、适应性强的孩子会马上开始和新保姆一起玩，跟你挥手道别。这两种情况都是正常的。

在我们的文化中，会很快将在一个宽广的范畴中孩子正常的行为归类为某种病态的解释。老师可能会把孩子慢热的表现看作是难过，

但这可能只是这种气质的孩子接近陌生人和新环境的正常方式。如果老师能够理解一个害羞的孩子需要的是安全感，那么他就有可能提供适合谨慎孩子的环境和态度。时间长了，老师就能够判断孩子的行为是否是气质的反映，或者是否需要对他进行评估和干预。如果家长和老师能够及早沟通，他们就能够一起找到办法，增加孩子的安全感，减少他的压力。

气质的特征在婴儿身上就有表现

在做产后护理护士时，我观察到有的婴儿哭声轻柔，很容易安抚，而有的却紧握小拳头，扭来扭去，哭声大得能把所有人都招来。正是因为看到了气质的差异，因此我知道孩子来到世上绝不是"一张白纸"。有的妈妈告诉我，当宝宝还在在她们肚子里做体操时，她们就知道这会是个活泼的孩子。

哭个不停的宝宝会挑战你的信心和耐力，但如果你知道这哭声揭示了孩子的气质，那么你就容易保持平静，去发现孩子的需求。当我在恺撒医疗机构儿科担任气质咨询师时，我们从宝宝4个月起就能提供气质描述，这非常有助于为父母提供个性化的养育指导，让父母了解在孩子成长的路上将会遇到怎样的情况。

如果你知道自己的孩子很容易产生挫败感，你可以鼓励她去够地上的球，以此来拓展她对挫折的容忍度。如果你的宝宝十分敏感，你可能得花好几个小时才能安抚他。当他长大一些，你得教他如何自己入睡。这些都说明，在孩子小时候了解他们的气质，能帮助你为将来做好准备——那时你可能比你想象的更容易发脾气，大吼大叫。不过，如果你的孩子已经不再是婴儿，现在开始了解他们的气质也不算晚。

"我的孩子个个都不一样"

父母常常因为老二和老大性格完全不同而惊讶。你可能会发现对老大非常有用的方法到老二这里就会失效。我的大儿子佩会开心地吃掉我放在他盘子里的任何食物，但二女儿玛拉的态度却完全不同，她会因为口感不同而拒绝吃某些食物。当我偶尔不在家时，她就会拒绝用奶瓶喝奶。我无法理解为什么我的孩子会有那么大的差别，而且对一个孩子很有效的方法对另一个却完全不起作用。

我刚做妈妈时很年轻，我有很好的直觉，但是对儿童发展的认识有限，也缺乏关于气质的知识。随着时间的推移，我学到了根据孩子的个体差异调整做妈妈的方式。这样做需要尝试，会出错，而且要能够接受孩子间巨大的差异。我最小的孩子卡瑞娜出生几年后，我终于了解到了气质的概念，这是一个非常棒的发现。我时常会想，为什么这个概念没有被纳入高中课程，教给那些未来也会当父母的人。

尽管每个孩子天生有自己的气质，但是兄弟姐妹间的关系也对行为有巨大的影响。比如，一个孩子可能天生反应强度低，性情温和，但是因为她姐姐脾气很大，经常吼叫，她很快就会跟她学，通过吼叫来表达需求。而另外一个孩子则有可能避开他兄弟姐妹的气质影响，而不是去模仿。

需要好奇心和观察力才能理解气质在孩子生活中扮演的角色。很难确定某种特定行为（比如哭闹）是来源于孩子的气质（反应强度），环境因素（噪音和拥挤），内部需求（饿了），某一发展阶段（两岁的孩子总是什么都想要），或者过往的经历（在购物车里待得不舒服）。行为就像一个拼图，当你一片一片拼起来，就会得到一幅丰富又复杂的孩子的画像。气质是这个拼图中关键的一片，经过一段时间的观察，你就能对孩子的行为有一些预测。

发现和接纳个体差异

任何一种健康关系的关键要素都在于接纳对方的本来面目。当我们试图让别人符合我们对完美孩子、丈夫、妻子、母亲、兄弟姐妹或者朋友的认识，那么当他们没有达到我们的期待时，我们就会失望。当观察和了解到孩子独特的气质后，你才能根据孩子的需求，相应地调整你的回应、规则和期望。

与之同样重要的是，了解你自己的气质以及你的气质跟孩子的气质是如何匹配的。看到你们的相似与不同会帮助你深入思考，减少你们之间的争执，也减少吼叫。

了解你孩子的气质

下面的练习是一个气质速查。想想你孩子平时的常规反应。如果你有伴侣或者帮助你看护孩子的人，可以和他或她一起，各自做一次这个速查。完成之前先不要讨论。然后，比较结果，看看你们看待孩子的方式是否一致。

这应该会是一次很有成果甚至令人惊讶的交流。因为各自的性格和经历不同，父母双方看待孩子的方式往往也不一样。比如，如果你整洁有序、敏感、固执，主要负责孩子的日常照顾和管教，而你的伴侣活泼、灵活、好相处，主要负责周末带孩子玩，那么你们对孩子的评估肯定不一样。

下面的练习总结了 9 种气质类型。记住，没有好的气质或坏的气质——人人都可能在自己身上展现出这些气质类型的某些方面。在最适合你孩子的数字上画圈。如果你不确定也别担心，可以猜一猜。做这个速查的过程也是擦亮你的"气质眼镜"，用新的眼光来看待孩子的过程。

练习：对孩子气质的整体印象

1. 敏感度

你的孩子对于噪音、温度、光线、食物的味道以及物品的质感的敏感度如何？你的孩子对衣服的触感有特别的要求吗？她很容易不知所措吗？她会注意到环境中的微小变化吗？或者她对大部分事情的反应度都不高？（孩子可能会对某些事情比如噪音或触感的敏感度高达5分，而对其他东西则没那么敏感。）

1	2	3	4	5
低敏感度				高敏感度

2. 活动量

你的孩子是否总是精力旺盛，总是不停地在动？你的孩子是否很难安静地玩，总是更喜欢活动？或者你的孩子很安静，能够长时间参与不需要太多身体运动和语言的活动。（活动量大的孩子也能安静地坐着看电视或者参与特别有意思的事情。）

1	2	3	4	5
活动量小				活动量大

3. 反应强度

你的孩子是否会有很强烈的情绪反应？你的孩子是情绪外露还是比较内敛、圆熟，很难揣测？（反应强度高的孩子会满怀感情地体验到生活的高潮与低谷。）

1	2	3	4	5
低反应强度				高反应强度

4. 适应性

你的孩子能很快适应变化、转换以及面对与他的期待不同的结果吗？或者他很难接受新的常规和日程？当需要开始和结束一件事情时，你的孩子会很难做到吗？或者他很灵活，大部分时候能够跟着时间流程走？（低适应性的孩子天生擅长计划，他们对于事情发展过程的预估可能与你的想法不同。）

1	2	3	4	5
低适应性				高适应性

5. 情绪本质

大部分时候，你的孩子是开心愉快的，还是严肃的，更容易纠结于负面信息？（情绪有时也跟孩子的其他性格特征以及对环境的适应度有关。）

1	2	3	4	5
开心				严肃

6. 接近或回避性

对于陌生人，新的情景、想法或者地方，你的孩子通常的第一反应是什么？他会立刻加入还是保持谨慎？（当谨慎的孩子感觉舒服时，他们也能适应陌生的地方和人。）

1	2	3	4	5
开朗友好 （外向）				谨慎/慢热 （内向）

7. 坚持度

你的孩子是否会就算累了，或者你叫他停下来，他仍然坚持做一件事？或者他很容易烦躁和放弃？他能持续努力多长时间？（你的孩子也可能是对自己想要的东西比较执着，而对其他事就容易烦躁。）

1	2	3	4	5
坚持度高				坚持度低
（能控制烦躁）				（容易烦躁）

8. 规律或者节奏

你的孩子通常每天都在同一时间吃饭、睡觉、醒来和便便吗？你孩子的行为容易预测吗？或者他比较多变，不好预测？（看看周末当你不像平常一样对他的日程有要求时，他是什么状态？）

1	2	3	4	5
有规律				没规律

9. 注意力分散度

你的孩子容易被声音或人分散注意力吗？如果有别的东西吸引了他的注意力，他会容易忘记你叫他做的事吗？当孩子悲伤或者失控时，你能分散他的注意力吗？或者你的孩子能够专心于某件事，不容易被打扰吗？（容易被分散注意力的孩子往往也是感觉非常敏感的孩子。）

1	2	3	4	5
注意力容易分散				注意力不容易分散

注：这部分内容由Preventive Ounce（这是一家针对精神健康预防的非营利组织，1984年成立于美国加州——译者）的詹姆斯·卡梅隆博士（James Cameron, PhD）和大卫·赖斯博士（David Rice, PhD）授权刊载。此处使用的气质评估模型来自史黛拉·切斯博士和亚历山大·托马斯博士在"纽约纵向研

究"中的成果。"整体印象"的概念来自威廉姆·B.卡瑞医学博士（William B.Carey, MD）和西恩·C.麦克德维特博士（Sean C. McDevitt, PhD）及其助手制作的气质问卷。这里提供的数值并不是为了替代对气质的完整评估（你可以从很多渠道找到完整评估的方法）。你将在本书的附录部分得到更多信息。

了解你自己的气质

当你选定了关于你孩子的全部 9 项特征后，请回到开头，再考察一遍你自己的气质。用一个不同的符号（三角或者方框）来选择接近你的气质的数字。

关注你的自然状态，而不是你在工作中或者学校不得不呈现的状态。这么多年来，你已经学会了根据环境和家人的期待调整自己。但是，尝试思考你真正的个性。也许你生性活泼，但是你的工作要求你整天坐在电脑前。出于工作需要，你调整了自己，但是一到周末，你就想动起来。那么，你可能会在活动量部分给自己打 4 或者 5 分。

用一些时间仔细思考一下你如何看待自己和孩子的气质。想想你们是否有冲突，以及在哪些方面可以相处愉快。对于任何你想要深入探讨的情境，可以问问自己："气质与此有什么关系？"这是一个好机会，让你以从未有过的方式看待你和孩子的关系。你还可以为另一位家庭成员再做一次这个速查。这样你将逐渐构建一张很有用的家庭成员动力图。

比如，当我最初认识到气质概念，并且做了这个速查后，我就更清楚地明白了为什么我女儿玛拉总是很难接受我和丈夫大声说话或争执。她比我们俩都敏感，我们的大声嚷嚷真的会带给她困扰。我想我家所有的孩子都害怕吼叫，但是越敏感的孩子受的影响越大。我丈夫是个演员，他并不认为自己严厉的声音算是吼叫，尽管家里所有人都这么觉得。他那时就会说："我没有嚷嚷，你们想听听我嚷嚷是什么样吗？"

透过气质眼镜，我也理解了为什么我急躁、快节奏的说话和行动对我的小女儿会是个挑战。卡瑞娜比我节奏慢，脾气更温和。她提醒我要慢下来，倾听，在开口之前给她把话说完的机会。这对我很有帮助，但是并不容易做到。

也许你比较敏感，当你听到妻子和儿子吵架时，就恨不能从屋子里跑出去。他们俩也许并不觉得有什么大不了，但对你确实是很大的困扰。也许你的女儿很情绪化，当她想要将你拖入她焦躁的情绪时，你要么想逃跑，要么会冲她吼叫。

花一些时间思考你的气质对家里其他人会产生什么影响。你也许会很惊讶，会找到一种新的方式来理解你们的关系。当我指导气质工作坊时，总会有人说："哇！我从未想到我的孩子跟我那么像。难怪我们总有冲突，我们都太倔了。"或者："看起来，我儿子跟我丈夫简直是一个模子做的。当初结婚时，我可没想到自己有一天会跟两个又焦虑又敏感的男人在一起生活。"

你的孩子和你的气质的协调

现在你对孩子的气质以及你们俩的气质如何协调已经有所了解，那么在不同的情景之下，透过气质眼镜，你就能确定该注意什么。我们有方法帮助孩子"拓展"他的先天气质，但是首先要放弃不切实际的期待。

配合度

你的气质与孩子的气质之间有可能适应得很好，也有可能适应得不好。适应不好时，就会更容易出现冲突与争执。而你身为父母，应该主动努力，推动良好的适应。

"当个人的性格与能力，以及环境的要求和期待能够协调配合时，就可以促成健康有效的发展。"（切斯和托马斯，1986，12）当你根据孩子的气质调整他周围的环境以及对他的要求时，他就会更少出错，你也会更少生气。理解了气质与行为之间的关系，就能减少你或者孩子承受的指责和内疚。你还是会遇到很难调整的场景，比如要求一个适应较慢的孩子按时出门，或者让一个敏感的孩子置身于热闹的聚会。如果你知道孩子很容易沮丧，可以在他开始写作业的时候提供些帮助，帮他先从会做的功课开始，然后待在旁边看他需要什么。如果你也很容易沮丧，那你也许可以考虑雇一个人或者请一个亲戚每周几次来辅导孩子的功课。

如果你了解了孩子的气质，就可以为将要发生的情况提前采取措施，帮你的孩子做好准备。随着时间的推移和不断实践，你和你的孩子将能学会适应各种挑战。

在学校会出现什么情况？

当你考虑配合度时，也要考虑到孩子学校的环境。一个活动量很大的孩子被要求长时间坐着，那么他一定会烦躁不安，扭来扭去，这容易被认为有行为问题。如果把他转移到另一个不要求长时间坐着的课堂，因为期望值和环境非常适合他的气质，这些问题自然就会消失。而且，有的老师也会比另一些老师更灵活。

如果一个敏感的孩子置身于又大又嘈杂的学校环境，因为环境带来的过度刺激，他很可能常常抗拒上学。也许你最终会发现，一大早冲他嚷嚷，让他赶快准备好去学校，并不能解决学校环境带给他内心的不适。如果能控制住你的脾气，退后一步来看，你就会有机会对孩子的行为有新的了解,并且看到需要对环境做出的改变。

作者的教训

我学会降低对孩子们的反应强度,一部分原因是看到了我的怒火和吼叫会对他们造成怎样的伤害。我感觉如果我想要教他们什么更好的方法,我自己得先做出改变。

我儿子马特4岁左右的时候,一天有朋友顺路过来找我聊天,当时马特正处于很想活动但又不知道该干什么的状态。我跟朋友说话时,他不停地跑过来,要么问问题,要么要这要那。我试图把他支开,但他因为没有人陪他玩而十分不开心。最终他惹恼了我,我冲他大发脾气,而且,未加思索地打了他。我以前也冲他发过火,但是从未打过他,我看到了他的眼泪和脸上震惊的表情。我的朋友也很惊讶,匆忙地说"得走了"。我又尴尬又羞愧,我居然失去控制打了儿子,这真让人崩溃。

这次经历给了我一个很深的教训。我的紧张感很多时候是人生的一种财富,但是作为父母,这也是我需要学会管理的气质。当年我还是单身妈妈时,压力曾让我冲大儿子发脾气,甚至打他屁股。这很不幸,但是我已经走出了那段生活。

我并没有意识到马特的反应强度会刺激我的紧张感,也没想过在我专心跟朋友谈话前应该先把他安顿好。那天我发誓再也不打他,我做到了。然后我花了更长的时间学习如何降低自己的紧张感,不要让它发展到大吼大叫。后来,我学会了一句非常有用的话:"我现在感到非常生气,所以我需要冷静几分钟。我一会儿就回来。"

不吼不叫：如何平静地让孩子与父母合作

气质对吼叫的影响

气质在很多方面会对你的吼叫产生影响。注意那些符合你的情况的例子。通过气质速查表来了解你的气质、孩子的气质、触发吼叫的因素以及吼叫对孩子的影响四者之间的关系。

- 如果你有一个敏感型的孩子，你的吼叫对她的影响可能比对其他孩子的影响要大。
- 如果你的女儿是紧张型的，你可能会发现她几乎天天惹你发火，尤其是如果你也是紧张型。当你吼叫时，她的反应会更激烈。
- 如果你不爱动，又敏感，而你的孩子喜欢在屋子里跑来跑去，如果此时你刚好需要安静，这样的举动就很容易惹你发火。
- 如果你适应性强，你的孩子却需要缓慢的过程才能适应各种变化，那么你就常常会因为失去耐心而吼叫。
- 如果你热爱交际，那么你女儿的羞怯就足够刺激你吼叫，说出些令人后悔的话来。
- 如果你儿子情绪不佳，爷爷奶奶来的时候笑都不笑，那么老人一走，你的失望就会让你对他大叫大嚷。
- 如果你容易焦虑而你女儿十分倔强，那么当她想要什么东西而且绝不肯改主意时，你们之间就会出现争执。
- 如果你处事十分随意灵活，就完全不能理解为什么你儿子总是坚持要知道什么时间该做什么事，尤其是不明白为什么每天都非要在相同的时间吃饭、便便和睡觉。而当你因此冲他发火时，他反而更加固执。

如果你认真考虑过气质的不同，也许就会能够更加了解孩子的经历与处境。孩子们是如此努力地去了解周遭世界的运作机制，并且常常感到困惑、吃力，有时甚至害怕。看到这一点，你也许会对他们投以赞赏的眼光。

而当你看到自己的错误、困扰、焦躁和缺乏经验时，对自己怀抱同情也十分重要。如果你能在心中接纳家庭成员各自的不同，你的脾气就会越来越少。

不同的气质：玛雅和女儿安娜

下面是玛雅为自己和女儿填写的气质速查表。她们在很多方面都有不同。你可以从下面这个故事看到玛雅如何利用速查获得的信息以及自己的观察总结出一套适合她的家人的方法。

1. 敏感度

●女儿　　　　　　　　　　　　　　　　　　　　妈妈▼

1	2	3	4	5
低敏感度				高敏感度

2. 活动量

●女儿　　　　　　　　　　　　　　　　　　　　妈妈▼

1	2	3	4	5
活动量小				活动量大

3. 反应强度

```
            妈妈▼                    ●女儿
1           2           3           4           5
低反应强度                                   高反应强度
```

4. 适应性

```
            ●女儿       妈妈▼
1           2           3           4           5
低适应性                                     高适应性
```

5. 情绪本质

```
    妈妈▼           ●女儿
1           2           3           4           5
开心                                         严肃
```

6. 接近或回避性

```
●女儿                               妈妈▼
1           2           3           4           5
开朗友好                                   谨慎/慢热
（外向）                                    （内向）
```

7. 坚持度

```
        ●女儿       妈妈▼
1           2           3           4           5
坚持度低                                     坚持度高
（能控制烦躁）                             （容易烦躁）
```

8. 规律或者节奏

```
        妈妈▼                                    ●女儿
―――――――――――――――――――――――――――――――――――――――――――――――
1            2            3            4            5
有规律                                                 没规律
```

9. 注意力分散度

```
           ●女儿                              妈妈▼
―――――――――――――――――――――――――――――――――――――――――――――――
1            2            3            4            5
注意力容易分散                              注意力不容易分散
```

玛雅本性敏感慢热。她天生需要独处的时间来为自己充电，晚上她也更愿意安静地待着。她是个幼儿园老师，她的工作让她在教室的时候能够比较外向，所以她的同事如果听说她认为自己害羞、谨慎和敏感，会十分惊讶。她爱整洁，有秩序感，有规律的日常生活更能让她感觉舒适，不过做了妈妈之后，这一点已经很难做到了。

她的女儿安娜6岁，是个大嗓门，性情外露，总喜欢黏着妈妈。她又任性又不够专注，所以很难长时间玩同一个游戏。每天放学一回家，安娜就开始央求陪她玩游戏。玛雅要求女儿自己找点东西玩，因为安娜不依不饶（她非常坚持己见），要求很快就变成吼叫。安娜的另一个行为模式是她烦躁时会挑弟弟的毛病，这一部分是因为她希望来点儿刺激和互动。安娜的大嗓门和弟弟的哭闹对玛雅来说简直是种折磨，导致她又会大发脾气。作为有两个孩子的上班妈妈，她根本没有时间跑步或做运动，她感觉自己的情绪越来越糟糕。

玛雅不能改变女儿的个性，但是她可以学到新的解决方法和策略来帮助自己减少吼叫。下面是几个例子。

玛雅为自己从工作状态到陪孩子状态的转换做了准备。她让保姆多留一阵子陪她的儿子,她到学校接女儿,在回家之前陪她玩一个小时。有时她们会到附近的湖边跑跑步,吃点小点心,有时候会一起去农贸市场或者图书馆。

单独和妈妈在一起的时间很好地安抚了安娜。回到家之后,安娜有一个妈妈帮忙做的时间表,这样她就能清楚下午和晚上会有什么事。周六妈妈给安娜报了个足球训练营,那段时间她会坐在草地上看她踢球,同时陪小弟弟玩。然后,安娜常常会被邀请到朋友家去玩,弟弟午睡时,妈妈就有时间休息一会儿。

玛雅还开始利用定时器来帮助安娜学会等待,她告诉她:"我10分钟之后就能陪你玩。"安娜有个新录音机,她可以把自己唱的歌录下来送给爷爷奶奶听。当妈妈忙的时候,这件事让她很开心。她甚至会先在自己的房间练习,然后换好演出服。她也喜欢晚饭后为全家人演出。

现在,她们之间的争执减少了很多,玛雅感觉更加放松,也更能够接纳安娜。玛雅也明白了如果不能够先照顾好自己的需求,就会积累愤懑,就很难享受和孩子在一起的感觉。她发现安娜的大活动量可以被引导到参与创意性的活动中去,这样让大家都感到愉快。如果妈妈能够提前考虑,准备一个舒适并能提供恰当刺激的环境,那么吼叫就少多了。

由气质引发的较量

你是否有时会感觉你和孩子各拉着一条绳子的两端,都在拼命拉扯,想要获胜。每次当你说"该写作业了。把这里收拾干净。该睡觉了。早上好,该起床了。快上车"的时候,孩子却无动于衷,坚持要按自己的方式做事。这时候你和他们的拉锯战一点也不好玩。

这样的较量在家庭中很常见，并且经常导致吼叫、唠叨、威胁和惩罚。经常与孩子发生冲突会让你感觉精疲力竭。如果你总是拉锯战中力量最大最强壮的一方，孩子就容易与你疏远，感到挫败和无力，甚至变得叛逆。如果总是孩子获胜，他将学会拉得更用力，叫得更大声、更频繁，而你的怒火也将与日俱增。

在较量中，每个人都固执于自己的立场、需求或者信念，不愿意倾听对方的意见或者寻找解决的办法。你也许会想：如果我不坚持正确的意见，就会显得软弱。如果我屈服，就永无翻身之日。我可不想做这样的家长。到最后，往往斗争的焦点已经被遗忘，大家关注的只是：谁会赢？

● 曼尼和玛丽卡的故事

你和孩子的气质可能是导致较量的关键因素。下面是曼尼和女儿玛丽卡的故事，他们俩都是个性强硬的人。

曼尼开始准备晚饭，他在厨房喊："玛丽卡，快5点了，你该开始写作业了。"

玛丽卡的回答又是老样子："再等一分钟，我要把画画完。"

几分钟后，曼尼看到玛丽卡还在画画，并没有写作业。他想，这个晚上又会很忙乱，要完成作业，然后还要赶去上钢琴课。他的想法开始升级，觉得玛丽卡总是那么我行我素，都被惯坏了。他大声嚷道："玛丽卡，我要你马！上！停下手里的事，开始写作业。按我说的做！不然你会后悔的！"

玛丽卡回答："好吧。"但是她并没有理会爸爸的要求，还是继续画画。她知道他会继续做饭，看新闻，然后才会回到房间，坚持要求她停下。她也特别想画完这幅画，这样可以带去学校给朋友们看。

10分钟后，曼尼回到客厅嚷道："我讨厌你总是这样不听我的。你必须现在就停止，否则你就别去上课了。你到底有什么毛病？"玛丽卡抬头看着爸爸，烦躁地坚持说："我才不在乎我那个愚蠢的课呢。你怎么就不明白，我必须画完这幅画。我不明白为什么我的任何事都得是你说了算。"

曼尼现在已经非常恼火了，他吼着："够了，姑娘！在这个房子里，你就是不能想干嘛就干嘛。现在给我起来，到你房间去写作业，不许画画了！"

他抓过她的铅笔和纸，继续吼："画画又不能帮你得到大学学位。"

玛丽卡低声嘟哝着："我恨你。你是世界上最讨厌的爸爸。"玛丽卡的房间里有画画用的东西，所以她打算用晚上睡觉的时间把画画完。

曼尼的个性是容易转移注意力，情绪反应度高，并且适应力很强。而玛丽卡则固执、很难转移注意力并且敏感。她不喜欢爸爸大吼大叫，但是往往很难不受他影响或者将他的要求置之不理。画画的时候，她非常专注。当玛丽卡不理会爸爸时，他的情绪就会激化，变得没耐心，好胜心也被挑了起来。他们俩对自己的目标都很坚持，但是对玛丽卡来说，把画画完是非常重要的一件事。

化解争执

我想你一定已经替曼尼想到了一些与女儿相处时不引发争执的方

法。他可以：

- 与玛丽卡面对面讨论时间表，而不是在另一间屋子里大声喊叫。
- 让她也参与意见，想办法能完成所有的事情。
- 倾听女儿的需求。
- 对她正在专心画的画给予积极的评价，然后制订一个计划让她能够在做完作业之后把画画完。
- 想办法降低自己的情绪反应，比如先暂停几分钟，想清楚自己的目标和优先级。

当然了，相比被挑衅或被忽视的当事人，旁观者总是更容易看清形势，找到方法。但你也难免会迷失，看不清什么是最重要的事。尽管玛丽卡的坚持、不容易转移注意力以及她的创造能力强化了与爸爸的争执，但是这些特质也能帮她取得巨大的人生成就。如果曼尼对自己的性格有更多了解，他就能知道如何调理女儿倔强的气质，同时不用压抑自己的个性而把事情处理好。理解气质对于减少争执非常关键。

如果你想要化解争执，气质并不是你需要看待事情的唯一角度。你也要看到自己和孩子所承受的压力水平。问问自己，你们中间是不是谁饿了？你们昨天睡得好吗？你们有时间放松和沟通情感吗？你或者孩子身上有没有发生什么事刺激了你们，将你们推向一场拉锯战？你有没有花时间倾听孩子，接纳他的感受，表达你的需求？

我们将在第七章讨论避免争执的其他方法。推荐一本有助于深入理解争执的书：《孩子、父母和争执：赢在一生》(*Kids, Parents, and Power struggles: Winning for a Lifetime*，克里琴卡 Kurcinka，2000）

不吼不叫：如何平静地让孩子与父母合作

值得思考：我要定基调

作为父母，你是定基调的人。你对孩子的反应让他知道自己该如何反应。你需要自我检查，确定你定的基调是你真正想要的。如果你的孩子无法控制情绪，那么最重要的是你要能保持平静。

当你逐渐熟悉自己和孩子的气质，你就会开始明白什么状况会刺激你们。你也将认识到自己和孩子的力量所在。拓展你的个性，变得更加灵活有度，逐渐向你的孩子靠拢。不要不耐烦，给孩子几分钟让他做完游戏。就像一棵树，你既可以随风弯曲，也能在风暴中挺立。

第二部分

减少吼叫的日常策略

"对于任何人,我们能赠予的最宝贵礼物就是我们的关注。当我们的意识拥抱所爱之人时,他们就会如花般盛放。"

——一行禅师

现在，你已经读完了第一部分的各个章节，对于自己为什么会吼叫以及吼叫对家庭成员的影响已经有了更多的了解。现在，你也已经准备采取关键步骤，改变自己的一些行为和反应模式。

在这个部分，我们将探讨如何追踪你的吼叫，观察自己的模式，然后利用得到的信息，制订出你马上就可以采用并且能够每天使用的策略来减少吼叫。这些方法也能够帮助你在远期实现行为转变，同时你保持平静的能力也会增强。

阅读后面这些章节的时候，你不要忘记孩子的独特气质，也需要常常参考第四章的内容。这样可以帮助你加深对气质如何影响行为方式的理解——无论是对你，还是对你的孩子。气质专家玛丽·西迪·柯尔辛卡（Mary Sheedy Kurcinka）提醒我们说："与孩子相处就像跳舞——向前两步，向后一步，暂停，再开始。对舞步越熟悉，你就跳得越轻松。"

随着时间推移，你一定会逐渐找到新的沟通、连接方式，并把事情做好。

第 5 章

"吼叫这么容易就出口……
我真能停下来吗?"

观察和收集数据,为成功做准备

每次轮到儿子洗碗的时候他不洗,我都会生气,大吼大叫。我能感觉到紧张的情绪从我脖子这里升起来,直抵喉咙。它就像被点燃的火焰,而我变成了一只准备进攻的喷火龙。有时候,我能在感觉到情绪紧张时离开,但大部分时候我都会发火。

——苔丝,12 岁男孩的妈妈

当你开始关注自己冲孩子吼叫的瞬间在做什么事,有什么感受时,别对自己太苛刻,你已经往正确的方向迈出了一大步。了解自己的感受、思想和反应的模式会为你提供基础信息,帮你制订有助于改变的策略。

这些模式和信息十分宝贵。把自己看作是一位科学家:让好奇心和紧迫感指引你了解新信息和新的行事方法。

不吼不叫：如何平静地让孩子与父母合作

追踪你的吼叫

追踪法——在一段时间内注意你的吼叫触发器和你的反应，纪录发生的事情——是改变行为的有效工具。不同领域的专业人士都在使用这个方法帮他们的客户达成目标。营养学家利用追踪法帮助人们减肥，财务顾问帮助客户追踪他们的开销，睡眠咨询师用追踪法帮助父母寻找新的睡眠规律和习惯，让孩子学会更好的睡眠。觉察到自己的实际状况是做出改变的基础。

下面的例子是嘉比家经常出现的场景。嘉比有两个孩子。我们会看到追踪法如何帮助她学会尊重和沟通。

● 嘉比的故事

嘉比有两个儿子，一个4岁，一个7岁。大部分的早晨，她都会大叫大嚷，让孩子们穿好鞋去上学。两个男孩磨磨唧唧，完全无视她的要求，继续玩。她一边帮他们穿鞋，一边责骂他们没有做好准备，然后在最后一分钟匆忙把他们送出门。一天以这样的方式开始让人觉得很有压力。尽管她也不喜欢这样，但她觉得要想让孩子们按时上学，别无他法。

当嘉比开始追踪自己的吼叫时，她看到早晨是她最困难的时间段。她得独自帮孩子们起床，做好上学准备，而她也知道应该头天晚上就把一些事情做好。但是晚上孩子们睡了之后，她有太多的事情要做，大部分时间，过了11点她就会筋疲力尽瘫倒在床上。

嘉比的性格特点是注意力很容易转移，精力充沛，不在意规律，反应强度高。她的儿子们则在活动量、反应强度和敏感度上都是中等。小儿子的适应性很好，而大儿子的适应性很差。大多数早上,男孩们会在早餐后专心玩他们的火车。大儿子很难在妈妈叫停的时候就停下来,而小儿子则一切唯哥哥马首是瞻。

穿鞋是一个信号,意味着他们得停止游戏去上学。所以,如果玩得正开心,他们自然不肯这么做。因为他们都不敏感,所以很容易对妈妈的吼叫置之不理。而她强烈的情绪反应似乎也对他们没有作用。

嘉比开始看到自己卡在了一种惯例中。在追踪自己的吼叫时,她发现了从几个月前自己返回工作岗位后就开始的一种模式。在重新上班之前,她不用在家里忙来忙去,恨不得一次完成两件事,也没那么大压力。她现在还看到,在另一个房间里吼叫,就是暴风雨即将来临的信号。经过一些练习,在孩子们无视她"现在穿上鞋!"的指令之后,她能识别出自己升级的想法。

嘉比的想法我们都不陌生:这两个被惯坏的小家伙,他们以为不理我就算了!我在他们那么大的时候,可喜欢上学了……他们这都是怎么了?为什么他们就不能听我的话,该做什么就做什么呢?怎么会有这么多负面想法,连嘉比自己都觉得惊讶。

当她忙进忙出,想着自己就要迟到了的时候,她就会失掉所有的理智。她还注意到,在这种状态下,她更容易分心,常常会找不到钥匙或者手机。她感到头晕、紧张,这两个信号说明她在出门前得吃点什么东西。

有一天,她深呼吸了几次,坐到床上,开始跟自己说话。她听见自己说:"他们还只是孩子,他们俩在一起玩得那么好,我真是个幸运的妈妈。"她又深深地吸了几口气,决定不再发脾气,到儿子的房间去看看,是否能做点儿别的什么。当她走进去的时候,孩子们玩得正开心。她坐在地板上,心平气和地看着他们,大约有30秒。这是他们都需要的时间。看到她,小儿子跳到她怀里,大儿子给她看新设计的火车。然后,她平静地说,该穿鞋了,等放学以后,她会很愿意更多地了解他们的火车的故事。她帮小儿子穿上鞋,大儿子自己穿。坐下来与他们连接,并不比冲他们吼叫花费更多的时间。之后她走出家门,觉得这一天一定会是美好的一天。

追踪的用处

在接下来的章节里,我们会进行更多细节的探讨:如何觉察你的感受和想法,采取措施改变你对孩子的反应方式。现在,你有机会像嘉比一样开始追踪你自己的触发器和反应模式。

追踪是一种很棒的方式,可以增进你对自己习惯和反应模式的觉知与接纳,继而做出改变。如果你能够诚实地看待自己,并充满同情,我相信你一定能越来越少发脾气。

练习:追踪你的吼叫

使用下面的吼叫追踪表来追踪你的吼叫。你可以复印本书中的吼叫追踪表,你也可以将这个表格调整为自己喜欢的形式。比如你可能更喜欢用电子表格,或者更愿意用日记本来做记录。

至少每周使用一次这个追踪表,用得越多越有助于你收集信息。如果你对追踪有抗拒心理,可以考虑先只专心做一天,之后找一天再次尝试。如果整个追踪的过程让你觉得有很大负担,可以一次只专注

第5章 "吼叫这么容易就出口……我真能停下来吗？"

于其中的一个步骤，习惯之后再增加新的步骤。

1. 确定一个开始追踪的日期。准备好表格复印件或者其他任何你想要的资料。
2. 在吼叫发生的当天记录这个追踪表，这样你就能准确记下发生的事情。也许你可以立刻开始记录，也许要等到孩子们睡觉以后，也许在他们写作业或者玩的时候你能有几分钟时间记录。如果家里的另外一位父母也有吼叫的问题，看看他或者她是否愿意也来做这种追踪。

1. 事件

触发的事件：
日期：
时间：
地点：

2. 你的反应

你的身体反应：
你的情绪：
你的升级想法：

3. 回应

你对触发事件的回应（你做了什么？）：
你的孩子对你吼叫的回应：

4. 后续情况

在吼叫之后你的感觉如何？：
你的孩子感觉如何？：

5. 相关的气质特点

你的：
你孩子的：

6. 评估

你还能有其他的处理方式吗？

吼叫追踪表

注：这个追踪表的部分想法来源于《当怒火伤害了你的孩子》（麦凯等著，1996）。

詹姆斯如何利用吼叫追踪表

你在第四章中读到过詹姆斯的故事,他在 2 岁女儿吃饭的时候冲她吼叫。尽管詹姆斯已经意识到他发脾气的部分原因来源于自己童年的经历,他还是需要更多工具来找到回应女儿的不同方式。下面的例子告诉你詹姆斯是如何填写他的吼叫追踪表的。

第一步:记录事件

从记录简单的事实开始。它们是非常有价值的线索。就像拼图的碎片,当你把它们拼起来,你就开始看到事情的全局。

事件

> 触发的事件:萨莎把食物扔到地上,然后看着我笑。
>
> 日期:周一
> 时间:早上 8 点
> 地点:厨房

触发事件:简短地把惹恼你的行为记录下来。这是了解你和其他家庭成员行为模式的关键。

日期:经过长时间考察,你也许会发现你在某些特定的日子会面临更多挑战。如果你看到了这样的模式,尝试找出这一天与其他日子有什么不同,或者这天的前一晚发生了什么事。比如,你有可能周二工作到很晚,周三早上多睡了会儿,导致你得赶时间,埋怨,脾气比平常暴躁。或者也许你会发现自己周一更焦躁,因为那天你的工作负担更重,你的孩子家庭作业也更多。

时间:你有"魔鬼时间"吗?你的孩子会不会在一天中的某个时间特别淘气?也许如果早上你的伴侣要提早上班,你没有时间煮咖啡,就会导致你脾气更大。或者也许你只在催孩子们上床睡觉的时候吼叫。如果你又得调停晚间战争,或者央求孩子去刷牙,你就会忍不住要发作。

地点:你的吼叫发生在哪里?你常在开车的时候发作?或者在厨房做饭的时候?你也许会看到自己在外面的时候不常发脾气,但当你一走进家门,看见家里乱得一团糟,你轻松的情绪瞬间就消失了。

第二步:记录你的反应

下一步是注意你的身体反应,你的情绪以及你升级的想法。你对触发事件的反应并不一定遵循这个顺序。你有可能是先注意到自己的想法然后才感受到身体变化

你的反应

> 你的身体反应:*我发现自己将双臂抱在胸前。*
>
> 你的情绪:*我感到生气和不耐烦。*
>
> 你的升级想法:*"我永远也不能按时上班。""她搞得一团糟。"*

你的身体反应:能够倾听身体的反应会帮助你停止吼叫。在触发

事件之后,检查你的身体,看看哪里感觉紧张。当你怒火升腾时,你的身体就会有反应。注意你的体态、手势、声调以及呼吸。

詹姆斯有一个很好的线索帮助他停止吼叫。当注意到自己的双臂交叉在胸前时,他就据此开始检查自己的感受和想法。你也可以练习留意身体在平常放松状态时的感受。这也是对自己的一种了解。

你的情绪:你也许在成长过程中并没有学到如何觉察情绪,所以需要更多的练习来了解自己的感受。愤怒是大部分人在吼叫之前最常见的感受,但怒火之下也酝酿着其他情绪。如果你能对自己说"我正在生气或者失去耐心",你也许就能够脱离这种情绪,让自己冷静下来。

你的升级的想法:需要练习才能听见你对自己说的那些助长怒火的话。当詹姆斯担心工作以及看到被萨莎弄乱的场面,他就变得更加生气,身体也在积聚紧张情绪。他的想法对行为有很大的影响。

第三步:记录你的回应

到这个部分,需要你只观察而不作评判。你并没有站在审判席上。你正在尽力坦诚地面对自己对孩子的行为、需要和要求所做的回应。

回应

> 你对触发事件的回应
> (你做了什么?):在她第二次扔食物的时候,我吼道:"不许再玩了!我再也不给你吃的了!我受够了!"我的声音非常大。
>
> 你的孩子对你
> 吼叫的回应:她看着我,然后开始哭着叫我回来。

你的回应：跟踪记录你做的事有助于你看到自己的模式，明白那些做法是无效的。如果你说了伤人的话，把它们写下来。反思一下为什么你会说这样的话。提醒自己，你正在努力打破这些模式，还有就是，在一周的大部分时间，你对孩子的态度还是友好关爱的。

你的孩子的回应：正如前文提到的，孩子的回应将成为你减少吼叫的动力。有的孩子表现得积极活跃，有的孩子则比较消极被动。也有可能你的孩子会表现得很听话。

第四步：后续情况

父母们常常会在发脾气后感觉很糟糕。那你呢？把你的感受记录下来，但尽量不要对自己太苛责。

后续情况

> 在吼叫之后你的感觉如何？：羞愧，
> 为自己不能控制情绪而生气。
>
> 你的孩子感觉如何？：她很难过，
> 当我抱起她，跟她道歉之后，她慢
> 慢平静下来。

你的感受：吼叫之后，你有什么感受？你的感受可能变化很快。你可能会从生气、羞愧，然后变成悲伤、松一口气或者焦躁。熟悉自己的感受，这样你就可以了解但不害怕自己的感受。

你的孩子的感受：你的孩子是什么感受？关注你和孩子的感受，能够给你的行为一些指导。如果一个孩子因为你的吼叫而生气，他可

　　愤怒往往突如其来。你尚未觉察之时，就已经被愤怒"掌控"。在追踪你的吼叫时，你要寻找这样一个时刻，在那一刻，由孩子的行为引发的烦躁转化为一种激烈的、不受你控制的情绪。

能需要听到你的道歉，听到你说你理解他的感受。他可能需要一些时间冷静下来，然后才能跟你做进一步的沟通。一个表情悲伤的孩子可能需要一个拥抱，需要一些安慰的话语，告诉他你依然爱他。当你们都冷静下来后，你可以和他一起想办法不往地上扔食物。在下一个章节，我们会探讨除了发脾气之外的其他方法。

第五步：记录相关的气质

你和你的孩子的气质有无数种可能性，可能十分相像，让你感觉宽慰，也可能完全不同，让你们彼此无法相互理解。

相关的气质特点

> 你的：敏感、反应强度高、适应性高、规律
>
> 你孩子的：固执、反应强度高、适应性低、不规律

你的气质：詹姆斯意识到自己的高度敏感以及希望一切都有规律、井井有条导致他对萨莎往地上扔食物有强烈的反应。同时，当他不能够按自己期望的步骤把事情搞定，情绪就很容易激化。他适应能力强，而她适应能力弱，这种差别也经常引发焦躁和吼叫。

你的孩子的气质：因为萨莎非常固执，而且适应能力弱，所以当詹姆斯第一次叫她停下时，她往往做不到。她热忱地想尝试新事物并从中获得乐趣。像她爸爸一样，当她不开心时，情绪反应会比较激烈。

第六步：记录你的评估

在下一个章节我们会集中探讨这个核心问题——我可以有别的处理方法吗？如果现在你就想到了新的解决方法，不妨记录下来。但是记住你当下的首要任务是收集作评估所需要的数据。

评估

> 你还能有其他的处理方式吗？
> 我也可以走开，先冷静下来。

任何时候，当你感觉这种追踪给了你太大的压力，你都可以只选择其中一个步骤来做，然后，当你的感觉慢慢好些之后，再逐渐增加其他步骤。不用着急。你正在打破过去长时间建立起来的模式。前进两步，后退一步，再前进一步，你终归是在进步。

追踪风暴，找到它因何而起

愤怒往往突如其来。你尚未觉察之时，就已经被愤怒"掌控"。在追踪你的吼叫时，你要寻找这样一个时刻，在那一刻，由孩子的行为引发的烦躁转化为一种激烈的、不受你控制的情绪。

如果你能感觉到自己的情绪开始变得激烈，并且能够注意到自己身体的反应以及心中的想法，就有可能在情绪的风暴激化为龙卷风，损伤你们的亲子关系之前让它平静下来。

有情绪是正常的——我们都有。你正在做的一件并不容易的事是觉察情绪、接纳情绪、感知情绪，然后学会别让情绪指挥你的行为。

如果你能感觉到自己的情绪开始变得激烈，并且能够注意到自己身体的反应以及心中的想法，就有可能在情绪的风暴激化为龙卷风，损伤你们的亲子关系之前让它平静下来。

这对于减少吼叫至关重要。要记住，被损伤的关系总会被时间治愈。观察自己的同时要善待自己。你也只是个普通人。

自我同情

在《通往自我同情的正念之路》(The Mindful Path to Self-Compassion)一书中，临床心理学家克里斯托弗·K.杰默（Christopher K. Germer, 2009, 28）说："当我们在痛苦中产生要帮助自己的紧迫感时，这就是自我同情。"自我同情——理解并原谅自己——是一个核心要素，让你能够真正接纳在观察吼叫时看到的自己。

如果你对自己充满同情，并且愿意接受自己的不完美，你就不太可能为自己的吼叫寻找借口。当你看到事情的真相时，往往很容易编造借口来赶走罪恶感和羞耻感。比如你因为孩子洒了果汁而吼叫，然后你听见自己说："我通常不会这样发火，但是我控制不住——我们今天都不舒服。"你很疲惫，你找不到任何人来帮忙，你非常讨厌孩子生病，你担心工作又会被拉下。感到不舒服让你易怒，但这并不能成为朝孩子吼叫的借口。

理解自己的需要和感受能够给你带来放松和安慰。你可以对自己和孩子充满同情。不要因为不完美而惩罚自己。当你吼叫或者犯错之后，看看你是否能够觉察、接纳，然后停止内心对自己的批评。这听起来简单，但是大部分人都没学过该怎么做。如果你能学会对自己充满善意，你也能够将这样的态度和方法教给你的孩子。

你会怎样对待你的朋友？

在解决朋友或者熟人的问题时，我们往往比面对自己或者家人的问题更有洞察力。想想在以下的场景中，你会怎么做。

你的邻居罗莎莉在跟自己青春期的女儿吵架之后，忧心忡忡地来找你。她女儿央求她同意自己在学校过夜。"我大吼大叫，完全失去了控制，"罗莎莉伤心地说。当她女儿也以吼叫作为回应时，罗莎莉决定禁止女儿出门。

从罗莎莉的表情和声音，你能看出来她因为无法和女儿好好沟通而十分沮丧。她也承认女儿是个倔强的青春期女孩，她只是想多跟朋友们在一起，并没有做什么过分的事。罗莎莉平常是个宽容的妈妈，但有时当她被孩子的固执逼到墙角时，她就会爆发。

你会安慰罗莎莉吗？或者，你会指出她犯的所有错误，让她感觉更糟糕？

有可能你会提醒她说她是个好妈妈，这样的事情谁都难免出现。你能看出她为自己对女儿太苛刻而悔恨。也许你会告诉她你也曾遇到过类似的情况，所以你理解她的感受。你给她倒了杯茶，拿了些吃的，又抱抱她。你看到你温和的话语和关照让她的感觉好了许多。她明白并不是只有自己会犯错，明白你依旧喜欢她，即便她觉得自己糟透了。

有可能你知道如何对朋友表达同情。现在是时候练习给自己同样的态度和关照。你读这本书是因为你想学会对孩子表达爱和尊重，想做到这一点，你也需要给自己爱和尊重。

建立自我同情

奥斯汀得克萨斯大学的研究者和教授克丽斯汀·内夫（Kristin Neff）在她的著作《自我同情》（Self-Compassion）一书中探索了自我同情的许多方面。她帮助我们理解到自我同情的重要性——温柔待己，不加裁判。她还建议我们要认识到我们和别人有一样的痛苦和烦恼。我发现，当我意识到自己与人类的联系，意识到我并不是一个人，我

对自己的苛责就消散了。另一个重要的部分是，要认识自己，包括你的痛苦。不要夸大也不要蔑视自己的痛苦。然后，你也要不受情绪干扰地接受事情的真相。（内夫，2011）

我在这里提起自我同情这个话题是因为，在追踪吼叫的过程中，你看到的也许会是你并不想看到或者感受到的事情。所以，在这段旅途，要记得带着自我同情一起上路。

花一点时间回答这个问题：我如何能够做到自我同情？

当我写到这里，我想起我的书架上有一本童书。书中每一页都是一个不同的小宝宝，带着不一样的表情。我看着这些宝宝，记起自己也曾经是个天真漂亮的宝宝。然后我想象把婴儿时的自己抱在怀中轻轻摇晃。我让自己在这个画面中停留了一两分钟。我对我是谁，我成为了谁而心怀感激。我以轻柔而非紧张的方式感知自己。这个短暂时间的自我同情帮助我缓解了身心的压力。你可以到这个网站：www.newharbinger.com/29071 聆听关于自我同情和与大地连接的冥想引导，也可以自己阅读本书附录提供的引导词。听过或者读过这些引导词之后，你就可以在任何需要的时候使用，让自己变得更加充满同情，更加根基稳固，更加柔软灵活。

你也许会不赞同上面提到的方法，你也许会觉得有点傻或者感觉尴尬。但如果你能坐下来问自己："我如何能够做到自我同情？"你也能找到适合自己个性的建立自我同情的方法。看看你是否能每天花几分钟考虑这个问题。可以在你的电脑、手机或者冰箱上设个提醒器来提醒自己。

在《全然接纳：以佛心拥抱自己》（*Radical Acceptance: Embracing Your Life With the Heart of a Buddha*）一书中，塔拉·布拉赫（Tara Brach, 2003, 207）写道："自我同情并不是要让自己逃避责任，而是要远离自我憎恶，正是这种憎恶让我们无法在生命中找到澄明与平衡。"

你很重要

以下是一些建立自我同情的方法。在你赞同的方式前打钩,同时记下你自己的方式。

- ☐ 检查你的身体,找到感觉紧张的部位。以一种舒服的姿势坐着、站着或者躺着。做几次轻松的呼吸,将你的注意力集中到身体上感觉紧张的部位。你可以将呼吸导向紧张的地方,或者将爱传递到紧张部位。不要过分努力,试图将紧张感赶走。只要你将温柔的关注导向你的身体,任何不适感都会慢慢消散。用温柔的关爱,不带任何裁判地感知你的感觉。

  给你做个示范:我现在将呼吸导向我的肩膀,那里因为写作而感觉紧张。我开始埋怨自己没有采用舒适合理的坐姿。我注意到双肩十分僵硬。这提醒我又忘了在写作时将肩膀放低。然后我注意到自己的疲惫感。再做几次呼吸之后,我开始对窗外那棵树充满感激。呼吸的时候,我注意到了那棵树,树枝上还停着一只鸟。负面的想法停止了,然后我开始按揉自己的肩膀,并且做一些温和的伸展。

- ☐ 给自己一个拥抱,亲吻你的手或者拍拍你的背。在你开始自责或者被人责备时,在你感觉需要一些关爱时都可以这样做。还可以加一些鼓励的话,比如:"我很棒",或者"我已经尽力而为了",或者"现在,亲爱的,现在要对自己好一点"。对自己说一些关怀的话。

- ☐ 关照你的身体。散散步,做一些伸展,跳跳舞,跑跑步,洗个澡,做个按摩,或者,休息一下。提醒自己,你身体值得你关爱，尤其是在承受压力或者自我苛责的时候。

- 一对双胞胎的妈妈告诉我，当感觉压力很大时，她会在孩子们睡了之后自己做个 Spa，为自己准备好泡泡浴、蜡烛和一杯红酒。对你而言，自我关照也可以是安排一次亲密的约会，或者做爱。如果你是单亲家长，想想上一次你是如何与朋友们开心玩乐的。

- 听听振作精神的音乐。音乐是改善情绪的良方。找到能让你开心，或者能传递你喜欢的感觉的音乐。建立一个专门用来"关照自己"的播放列表。

- 接纳你的感受。你可以像安慰一个自责的孩子一样对待自己。你可能对你的孩子说："亲爱的，我知道你因为没拼好拼图十分生气。生气也没关系。我知道等你准备好了，你会再尝试。在学习新东西的时候，你非常努力。"当你对自己苛刻的时候，也可以用同样的方式跟自己沟通。"我失控了。我很焦躁，没能控制住自己。我道歉了，也平静下来了。我会好好睡一觉，明天又是新的一天。"如果觉得有用，你也可以称呼自己为"你"。

- 喝点茶或者吃点有益健康的东西。让喝茶的时间成为"要关照自己"的一种提醒。我为自己泡了一杯茶，感觉好像得到了一份礼物。如果你更喜欢咖啡，就为自己冲杯咖啡，慢慢啜饮，慢慢回归内心。留心注意哪些食物让你精力充沛，哪些让你昏昏欲睡或者感觉饱胀。记住那些让你感觉好的东西，告诉自己你值得拥有它们。

- 笑一场。幽默感对减轻压力和痛苦大有裨益。看点或者听点有趣的东西、自嘲，或者找到一个能跟你一起捧腹大笑的人。有可能刚开始笑的时候会有些勉强，但是很快就会变成真心的大笑。
- ☐ 记日记。每天记下几件让你心怀感激的事情。包括你喜爱或者欣赏自己的地方。
- ☐ 你如何表达或者建立对自己的善意？
  _____
- ☐ 当你产生了新的自责，你会怎么做？
  _____

想要更多信息，或者想做关于自我同情的测试，可以登录克丽斯汀·内夫的网站：www.self-compassion.org。想要更加深入地学习自我同情的方法，推荐阅读《通往自我同情的正念之路》(The Mindful Path to Self-Compassion)。

珍视你自己的价值吧。育儿不易。

值得思考：追踪有可能改变我的反应方式

经过一到两周的追踪，你就能够理解自己吼叫的模式。一切不再显得那么难以琢磨，你也将不再对孩子的行为感到那么惊讶。导致你发脾气的具体事件会更加清晰，而你的好奇心和努力将帮助你降低自己的反应强度。如果你全天追踪自己的吼叫行为，你将能更有准备地应对你的触发事件。

追踪将帮助你提升积极反应的能力，尤其是当你的自我同情逐步加深时。自我同情应该是能使所有家庭成员受益的行为。它能平息风暴，让你更容易与孩子沟通。

了解孩子天生气质,实现因材施教!

《发现孩子天生气质》扫码免费听,20分钟获得该书精华内容。

第 6 章

"除了吼叫,我还能做什么?"

逐步调整,慢慢改善

> 有时我能感觉到自己已经为与淘气的孩子们相处做好了准备。当我没有习惯性地朝他们大吼大叫时,我对自己的感觉就会好很多。当我能够在怒气积累前有所觉察,我就能把他们看作是我爱的孩子,而不是我的敌人。
>
> ——保罗,他有三个孩子,分别是3岁、5岁和7岁。

让自己内心平静,是用爱和尊重与孩子沟通的核心。吼叫往往是说来就来,而且一开始很难主动停止,你也很难顾及接下来在你和孩子之间会发生什么。别放弃!随着不断练习,你将能够觉察到自己的感受,帮助自己获得新的想法,改变表达方式,让自己平静下来,并找到合适的方法帮助孩子掌握复杂的生活和学习技能。与众多你曾经取得并为之骄傲的成就一样,动机和练习是核心的要素。

记住:孩子不是你的敌人。你的孩子需要你给予关注、安抚、规范、引导、宽慰、温柔的抚摸,以及成功的机会。而且,和你一样,你的孩子需要很多时间和很多次练习才能掌握他日常学到的技巧。

另眼看待管教

你有没有曾经听人说过"那个孩子被惯坏了,得好好管管"?很可能,说这话的人心里想的"管管"就是发脾气或者体罚。但你不一定要通过吼叫或者严酷的处罚才能教会孩子辨别是非对错。管教并不等同于要让孩子承受痛苦。孩子并不能从被羞辱、恐吓和被拒绝中获得任何好处。这些古老的管教方式代代相传,需要我们用觉察、自觉的努力和支持来打破这样的循环。

字典里对管教有许多定义。我最赞同的定义是:"通过教导和练习的方式培养人,是一种学习和教导的方式",以及"对弟子学生的教导"。

"弟子"或者"门徒"这个词(脱离开宗教的语境)的意思是你的孩子是你的学生,你是他的老师。教育,而非惩罚,才是管教的核心。

作为家长,你的工作是教给孩子很多东西:与人友好相处,尊重他人,遵守家庭规范,以安全的方式探索世界,善良慷慨,以及养成能让他终身受益的健康习惯。花几分钟思考你想要教给孩子的价值观。这些观念与你从小习得的观念一致吗?

如果孩子感觉到你是和他站在一起,并且为他着想,他就更容易配合你的要求和教导。另一方面,也有时候孩子因为你对他设限而生气,觉得你不公平而哭泣,或者因为你的规矩而愤愤不平。这些都是当孩子发现自己不是宇宙的中心,需要学会遵从家庭和社会规范时做出的正常反应。当你管教时心中有爱,那么即便你很强硬,也会避免利用自己的权威来把孩子当作你的出气筒或者羞辱对象。

我在与家长们的沟通中发现,停止吼叫的 A-B-C-D-E 法则以及管教的 4C 法——你将在这一章学到——都很容易理解和贯彻。随着练习的增加,你的管教方式会开始改变,你的压力会减轻,你跟孩子在一起时也会感觉更加轻松。

不吼不叫的 A-B-C-D-E 法则

下决心不再对孩子吼叫也许不难,但是当你被激怒,想要做出不同的反应就没那么容易了。当你感觉被孩子激怒时,可以尝试以下5个步骤:

1. 自问(Ask)
2. 呼吸(Breath)
3. 平静自我(Calm yourself)
4. 确定孩子的需要(Decide what your child needs)
5. 同理心(Empathize)

自问

- 我现在感觉如何?
- 我升级的想法是什么?
- 我能否接纳自己的感受,并且改变我的看法?

呼吸

- 在问自己这些问题时,开始觉察自己的呼吸。
- 从腹部开始呼吸,有意识地做 3-5 次缓慢、轻松的呼吸。你可以在呼气和吸气的时候,数 4 个数。呼吸的时候感知自己的身体,想象每一个细胞都充满了氧气。核心是要温和地觉察自己的呼吸。
- 只要孩子没有面临紧急情况,你在做出回应前都要尽可能地给自己时间关注呼吸。

平静自我

- 关注呼吸有助于调整你的情绪。
- 用积极、现实的想法代替你升级的想法，就能让自己心情平静。
- 目标是，等到自己平静下来再管教或者与孩子沟通。

确定孩子的需要

- 想一想孩子的个性和年龄。你对他是否抱有合理的期待？
- 他需要的是一个结果？一个拥抱？需要你为他重新指出方向？需要鼓励？或者需要一个清晰的界限？
- 他的行为向你传递了什么信息？

同理心

- 将自己置身孩子的处境，尝试感受他的情绪和想法。倾听他想诉说什么。
- 告诉孩子你能理解他的处境和感受。
- 现在你就可以更好地确定孩子的需求。

如何练习 A-B-C-D-E 法则

这里停止吼叫的步骤按 ABCDE 来排序是为了让你更好记，但你不用每次都严格按照这个顺序来做。比如，你也许需要先关注呼吸，才能了解自己的感受和想法。不要期望一次就记得所有的步骤,只要开始尝试,在练习的过程中,后续的环节就会自然发展出来。

下面这个故事说明了伊娃在被女儿的哭声激怒时,如何利用这5个步骤来帮助自己做到不吼不叫。

● 伊娃的故事

伊娃是个单亲妈妈。5岁的女儿莫莉隔周过来与她住在一起。她还有个室友叫杰茜,她有时也帮忙照看莫莉。

一般周末早晨的情形是,莫莉看她最喜欢的动画片,妈妈接着再睡一会儿。但是一天早上9点左右,杰茜让莫莉关掉电视,因为她要工作,而且她也觉得莫莉已经看了太长时间的电视。没想到莫莉立刻就哭起来。

伊娃在卧室听见了莫莉的哭声,也听见杰茜越来越懊恼,说话声越来越大。伊娃拉起毯子盖住自己的头,她问自己:"我现在有什么感受?"她有很多感受:因为女儿不听话而觉得尴尬,因为室友不能表现得宽容一些而生气,因为自己不得不起来处理这个问题而恼火。她注意到自己肩膀和脖子的紧张感正在逐渐增强。

伊娃还注意到了自己不断升级的想法,伴随着对这个情景中所有人的指责:"如果杰茜自己是妈妈,她就能理解养孩子多么不容易。如果我能做得更好,现在就应该已经起来陪着莫莉了,我毕竟不是每个周末都能见到她。如果莫莉不是那么爱哭就好了,她的情感也太丰富了。她就是为了叫醒我才故意哭的,她跟她爸爸一模一样。"

伊娃一直在努力让自己少一些吼叫。她在觉察进而改变自己的想法方面已经有所进步。所以,她选择停止这些负面的想法，让自己平静下来："早上我们都需要一些空间来做自己的事。莫莉是个敏感的孩子。适应跟我住在一起带来的改变对她来说已经不容易了。杰茜每个周末都得工作，所以难免压力很大。"

伊娃关注着自己的呼吸，先做了几次轻松的腹式呼吸，以确保自己的状态更加平静再冲出去解决问题。突然间，她意识到自己已经有了很大转变。要是在过去，她肯定马上从床上跳起来，冲出去，即便她是对杰茜不满，也会冲女儿大吼。但是现在，她会先安抚自己，并意识到现在的状况并未紧急到需要马上处理。

她走进客厅，在沙发上坐下来，靠近女儿身边。莫莉还在哭。她搂住她说："早上好！我知道你特别喜欢看动画片。今天早上你最喜欢的是哪个？"莫莉的哭泣变成了低声呜咽，她抱怨说今天没能看完动画片，杰茜对她很凶。伊娃专注而同情地听着。然后，她转向杰茜说："看起来，这么美好的周六早上你还得工作。电视开着，我还在睡觉，肯定特别影响你。"

她并没有试图马上弥补或者改变什么，而是用自己平静的状态帮助她们俩放松下来。她知道情绪是会传染的，所以她说话很温柔，然后她注意到莫莉逐渐平静，杰茜也开始放松下来。

她温柔地抚摸着莫莉的头发，这是莫莉非常喜欢的动作。一两分钟后，她问莫莉饿不饿，想不想一起来做点好吃的鸡蛋和香肠当早餐。莫莉继续抱怨了一会儿动画片的事，但同意跟着妈妈走。杰茜告诉伊娃她打算去办公室，很快就会离开家。

然后其实就不需要做什么了。伊娃打算晚上跟杰茜谈谈。她希望告诉她，莫莉适应力比较弱，同时又倔强，所以让她关电视之前需要先给她一些提醒。杰茜喜欢莫莉，但是常常会忘了考虑莫莉的个性，有时会同时给莫莉好几个指令，让她无所适从。伊娃以前常因为莫莉的敏感、情绪化和倔强的个性感到尴尬，但是现在她已经慢慢能接纳女儿。同时，她也在学习如何为莫莉设定界限，并且不因为她哭泣而放弃。

伊娃建议她们三个周日开个集体会。她们可以为杰茜和莫莉安排一些有趣的活动，同时为周末看电视的安排制订明确的规定。

伊娃的"停止吼叫 A-B-C-D-E 步骤"

以下是伊娃在处理杰茜和莫莉的事情中采取的步骤。

自问：当她询问自己的感受，她感觉到了愤怒、尴尬和紧张。莫莉的哭泣是伊娃的关键触发器。她能够倾听自己的负面想法，然后将它们转变为更加理智和充满同理心的想法。在伊娃小时候，一旦哭起来就会挨骂，如果不赶快停止，妈妈就会给她颜色看。现在，伊娃已经懂得在对事情做出回应之前，先把自己的情绪处理好。

呼吸：她做了几次缓慢的腹式呼吸。她平常工作或者早上早起时也会练习腹式呼吸。当她将呼吸引导到肩颈部位时，她能感觉到这些地方开始放松。

平静：她等着自己平静下来，提醒自己说这不是什么紧急情况，女儿虽然伤心，但并没有危险。

决定：她决定不要再把电视打开，这样会损害杰茜的权威。莫莉需要学会听从杰茜的要求。伊娃也不认为需要给莫莉什么惩罚。她觉得应该做的是引导女儿，帮助她平静下来，然后继续做该做的事。她

不吼不叫：如何平静地让孩子与父母合作

希望能和女儿一起度过愉快的一天。她理解要适应从爸爸的家搬到妈妈的家，对莫莉来说并不容易。

同理心：随着伊娃对情况的逐步处理，她也能够体谅莫莉的感受。直觉告诉她应该给女儿一个拥抱，告诉她她的难过或者抓狂都很正常。伊娃能够给女儿自己童年未能得到的妈妈的安慰。伊娃也能够体谅杰茜，她很明显是压力太大。把莫莉的注意力转向厨房是很有效的方法。伊娃知道女儿饿的时候哭的时间更长。而如果伊娃不提醒她，或者把吃的放在她面前，莫莉也意识不到自己饿了。

随着伊娃不发脾气的时间越来越多，她对自己管理情绪以及帮助女儿调整情绪的能力也更加自信。她开始了解自己的行为模式，并且能够在偶有退步或者被太大的压力淹没时谅解自己。比起父母刚离婚的时候，莫莉也轻松多了。这个家里每个人都得到了帮助，满足了自己的需求，也学会了尊重别人的需求。

管教的 4C 法则

A-B-C-D-E 步骤能帮助你退后一步，头脑清楚，心态开放地看待你所面对的失当行为或者难题。当然，有时候除了拥抱和重新引导，你还需要做更多。这时候你就需要 4C 管教法。

4C 是以尊重为基础的管教的核心要素：

- 沟通（Communication）
- 选择（Choices）
- 结果（Consequences）
- 连接（Connection）

与 A-B-C-D-E 步骤一同运用，4C 法则将帮助你关注当下的问题，为之制订必要的规则。你的孩子将学会如何做出适合的选择并且在出错时承担后果。你将不再诉诸吼叫或者严厉的惩罚，而是在管教的同时与孩子保持连接。

1. 沟通

- 表达要简短、具体和简单。
- 解释并作示范。
- 使用鼓励性的言辞，发挥"我"和"你"这两个词的力量。

2. 选择

- 提供的选择要真实并且简单。
- 不要再征求意见了，行吗？
- 这是你的选择。

3. 结果

- 制订家庭规则。
- 根据孩子的需要和所处的发展阶段调整规则和结果。
- 回顾结果。
- 结果要能让孩子对他们的行为负责。

4. 连接

- 要有一对一的时间。
- 关注孩子的感受。
- 别记仇。

不吼不叫：如何平静地让孩子与父母合作

1. 沟通

当你希望孩子停止他不该做的事，或者开始做你想让他做的事，那么清晰的沟通便是关键。

要简短、具体和简单

简短具体的描述比笼统的要求更有效。"不要扔沙子"，就比"乔尼，要听话"好得多。

如果孩子正在做的是以前没做过的不好的事，你需要对他解释为什么不能这样做。但是，首先要清楚地告诉他你希望他怎样。"乔尼，不要扔沙子。沙子弄到别人眼睛里会很痛。"（这要比下面的说法好多了："乔尼，你知道扔沙子不好。我已经告诉过你，不能在公园里扔沙子。你也不希望你的朋友杰德到医生那里去冲洗眼睛吧，对吗？"你这些话可能刚说到一半，乔尼就已经不愿意听了。）

一次给一个指令。如果你一次说了很多事，孩子很容易忘记你的要求。比如："该穿衣服了，然后把床收拾好，装好书包，现在吃早餐！"你应该慢一些，用你最大的耐心这样说："现在该穿衣服了。等你穿好了，我就把早餐端出来。"

示范和解释

尽量放低身段，让孩子可以和你有目光接触。这样你能确保吸引孩子的注意力，而且面对面的时候，你也不太容易发脾气。靠近他，对他说："别扔沙子，你可以用铲子挖一个洞。"拿过铲子做给他看，让他知道这样有多好玩。如果他的注意力很容易分散，让他重复你的要求，确保他听见了你的话，或者让他给你看看他能挖多大的洞。

你曾有过被监视的感觉吗？没错。你就是在被日夜监视。你的孩子从你身上学到很多东西。如果你开车的时候因为堵车而吼叫或者咒骂，你的孩子就学会了不耐烦。如果你抱怨将要来家里吃饭的亲戚，你的孩子就学会了背后说人坏话。如果你对帮你拿包的邻居表示感激，你的孩子就学到了善意。你是孩子的第一个老师，他景仰你，尽管你有各种不完美。

用鼓励性的言辞

鼓励不只是言语的赞扬。你的话语暗示着你对孩子的态度。别忘了你的语调、面部表情和身体姿态都会透露你的感受。

对于你想要强调的行为，沟通时要说得很具体。"凯莉，你一穿好衣服，我们就可以吃早餐了。你昨天穿衣服特别快，我很高兴。这样我们就有时间在上学前讲个故事了。"这样，妈妈是在鼓励孩子合作，而不是唠唠叨叨。你友好的方式不但鼓励了孩子，也做了很好的榜样。"沙龙，听起来你最近练吉他练得很努力啊。刚才最后一首歌弹得清脆流畅，你感觉怎样？"

所有的孩子（以及成人）都需要获得鼓励才能应对生活的挑战。一个经常感觉沮丧的孩子格外需要尊重、支持和成功的机会。鼓励就像阳光，帮助孩子像花朵一样绽放。

"我"和"你"的力量

当你说话以"我"开头时，表达的是你对某个具体行为的感受。然后，你可以提出你的要求。"我觉得头痛，因为这里的声音太大了。我很高兴你玩得开心，但是请你到外面去玩这个游戏。"或者，"我觉得生气，因为你总是忽视我的要求。让我们坐下来，吃完早餐，然后讨论一下我们需要几点出发去参加你的聚会。你喜欢去塞斯家吗？"

可以总结出一个公式："我的感受是 X，因为你做了 Y，所以，

请你做 Z。"你可以和你的孩子、配偶、伴侣,甚至工作伙伴练习这个沟通方程式。一开始你可能会感觉尴尬,不过一旦开始练习,你就会发现这种方式的力量。它帮助你识别自己的感受,找到自己的需求,也能帮助你理解孩子的处境。

利用"我"和"你"的沟通法也能教给孩子理解情感,所以他也将学会以自己的感受和需要为基础进行沟通。"妈妈,我特别生气,因为杰德把我搭的房子弄塌了。我需要一个他进不去的地方。"无论对谁来说,这种表述都比"杰德是个大蠢蛋!"好得多。

我学会了不再责问丈夫:"你怎么那么迟钝?"而是对他说:"我很生气,因为孩子们在哭闹或者打架,而你好像没听见一样。如果你能及时帮忙,我就会很感激。"改变我对他说话的方式,对改善我们的关系十分重要。

从你的词汇表中清除所有负面的骂人话,这是个了不起的目标。骂人往往会引爆某人的脾气。用"我"和"你"来沟通有助于阻止骂人和吼叫。

2. 选择

如果孩子感觉自己对生活有掌控力,他就不太会跺脚、打架、哭闹或者做出其他要争夺控制权的行为。在适当的时候提供选择,将能够减少吼叫和争执,同时加强孩子做决定的能力。这样做,也能够让孩子感到自己的行为和想法是重要的,他的存在是有意义的。

要真实

很多家长说他们这样为孩子提供选择:选出两件衬衫,对孩子说:"该穿衣服了。你来决定今天穿什么,绿的这件还是紫的这件。"

或者,"你想现在洗澡还是吃完饭再洗?"这个例子里,孩子并没有得到洗澡或者不洗澡的选择,不过,能够决定什么时间洗澡,已经让一个不愿洗澡的孩子感觉好一些了。

确定你是真心想要给孩子选择,并且能说到做到。这样说就是没有意义的:"你有一个选择,马上坐到安全座椅里,要么就只能坐在地上,那样可不安全。"或者:"你有一个选择,要么现在跟我离开公园,要么我自己离开。"这些都不是能够给孩子的可靠选择。这些只是空洞的威胁,你并不会照着做,而且当看到孩子藐视你时,你可能又会发火。孩子们真的需要知道他们能够信任你,所以,提供真实的选择很重要。

如果你敏感的女儿想要每天都穿同一双连裤袜,因为那样感觉舒服,为什么不随她呢?如果你在需要的时候能把它们洗干净,或者多买几双一样的连裤袜,那么女儿就能够保持自己的风格,同时又感觉舒适。千万不要跟孩子对着干!

要简单

有的父母掉入了"万事都要有选择"的陷阱。这太不现实。即便你希望孩子感觉自己有力量和有做决定的能力,很多时候你还是需要根据自己的想法做出最好的选择。

选择太多也是一种压力。如果你这样问孩子:"今天晚餐你想吃香肠、鸡肉还是汉堡?或者如果你想吃,我也可以做意大利面。"感觉就像在餐厅点餐一样。

而更简单的选择应该是:"甜点我们有草莓和蓝莓,你要哪一种?"

大一些的孩子可以和你一起想办法解决那些以前可能会演变为吼叫大赛的问题。十几岁的孩子可以选择什么时候做作业,什么时候玩电脑。你们可以一起制订一个计划。然后你的工作就是跟进,看看这个计划还有什么需要完善的地方。

孩子会从日常生活里他们所做的选择以及相应的结果中学到很多东西。如果结果不是他们原本的期望，帮助孩子回顾他的选择，想一想还能有什么不同的做法。

不要征求意见，行吗？

听听你对孩子说的话，看看你是否有说"行吗？"的习惯。家长有时候会在说话结束时加上"行吗？"这两个字，如果你也是这样，现在应该停止了。你对孩子说的很多事并没有选择，那为什么要征求一个流鼻涕的2岁孩子的同意："亲爱的，该擤鼻涕了，行吗？"或者"妈妈只离开一小时，行吗？"

我得承认我有时也会不由自主地说"行吗？"觉察到这一点的时候，我意识到这是在削弱自己的权威。一旦我听到自己又犹犹豫豫地说话，并且发现这样做毫无意义时，我就不再这样说了。结果是我感觉自己更像一个平静、有适当权威的成年人。在不能提供选择的时候，这一点十分重要。

这是你的选择

对孩子作何回应，这是你的选择。不管你如何回应，你都是孩子正在学习的行为榜样——好榜样或者坏榜样。

这是你的选择，所以，想一想你的选择将产生的结果——你会教给孩子什么？

3. 结果

有时候，孩子会接受你清晰的沟通，并因此做出合理的选择。

但有时候，孩子也会测试你的底线，或者哼哼唧唧、哭哭啼啼地恳求你，或者不听你的。有些孩子需要很长时间才能搞明白他该怎么做，以及如果不听家长和老师的话会有什么结果。别忘了孩子的气质会影响他听从你的要求的能力。比如，适应慢的孩子需要更多时间，而情绪反应强度高的孩子则可能更加抗拒。

家长发脾气通常是因为事情没有按照他们的想法或愿望发展，而且他们不知道还能怎么办。不知道很正常。别着急，停下来，呼吸，想想什么是最需要的。在你努力减少吼叫的同时，尝试在尊重的前提下让孩子承担淘气产生的后果。无论成功或失误，你都能有所收获。

结果是生活的一部分，对孩子、对我们都是如此。停车停得不是地方，警察就会给你开罚单。你可能是那种不想遵守规则、碰碰运气的人，但是你不会总是好运。因为你不喜欢把辛苦挣来的钱用来交罚单，所以这个结果就会让你下次记得停在车位上。你明白规则，你可以选择是否遵守。

你女儿好几天未做数学作业，当你从老师那里发现了这个情况，她就必须在周五晚上把作业补完，而不能和朋友去看电影，因为你在家里制订的规矩是所有家庭作业都必须在周末出去玩之前做完。这个结果会强化她对做作业的认识，因此就没有必要用发脾气来解决。她会恳求你让她出去，但是你坚持规则，提醒她明天还有明天的事。

制订家庭规则

以管教为基石，让行为承担后果，这样你就能够为孩子建立家庭规则和确定对将要发生的事情的预期。如果你的孩子能够理解规则，他就会比较愿意接受结果。你可以从孩子很小的时候就开始这么做，并且随着他的成长做出相应调整。

婴儿也需要知道界限

当你可爱的 9 个月大的宝宝爬到猫食碗边上，打算尝尝新，你要清楚地让她知道她不能吃猫食。每次她靠近碗边，你都要再次强化这个概念。你引导她，把她抱起来，用平静但是坚定的声音让她知道不可以吃猫猫的食物。当你给她麦片时，要提醒她：她应该是这样坐在餐椅上吃人类的食物。如果你的孩子很倔强，有可能你需要重复好几次这个过程，直到她明白。如果她十分坚持，那么你可能要把猫食碗挪到她够不到的地方。

就这样，在孩子还小的时候就把规则告诉她，慢慢地她就会理解。

3 岁孩子喜欢检验规则

米米用图画为 3 岁的达什做了张表，让他知道上床之前有哪些事要做。达什不喜欢刷牙，但是他知道规则是要先刷牙再讲故事。米米把图给达什看，告诉他该刷牙了。他通常都会配合，但也有例外。此时米米会提醒他如果不刷牙，就不能讲故事。当达什再次拒绝时，她会说："很遗憾你不肯刷牙，但是如果你不刷，今天晚上就没有故事听。"尽管达什哭着要求讲故事，但米米坚持遵守规则，没有改变主意。她没有大吼大叫，她拥抱和亲吻达什，提醒他规则是什么，告诉他明天晚上他还有机会听故事。米米还给他的电动牙刷换了电池，让刷牙变得更好玩一些。

青春期孩子会促进规则的调整

祖祖不喜欢她周末晚上 11 点必须回家的规定。她知道如果自己迟回 15 分钟，第二天就得再早一个小时回家。如果她没有打电话告知自己会晚回家，她就会有一天不能用电话。当祖祖晚回家的问题变成一种常态时，她的父母找她谈话，告诉她这样会有什么后果，他们也以更加严格的方式让她能够遵守规则。在父母能信任她之前，她被要求更早回家。

因为父母（大部分时间）没有朝她吼叫，祖祖感觉自己可以在家庭会议上跟他们讨论规则。祖祖提议延后回家时间，因为她所有的朋友都可以在外面一直玩到半夜。她提醒父母，她在学校表现良好，周末还帮忙带妹妹。父母回应说，如果她能够在接下来的两周都遵守现行规则，他们会考虑做出改变。

"我会考虑的"

规则和结果可以根据需要做出改变。它们应该基于孩子的具体情况，以及他或者她在某个特定发育阶段的需求。不要只是因为青春期孩子的执拗把你弄烦了就改变规则。通常你可以用"我会考虑的"这样的回应来给自己一些思考的时间。

如果事关安全问题，相信你的直觉。如果你对该怎么做心有犹疑，可以征求亲戚朋友的意见。别忘了你的孩子很快就要自己去闯世界了，他需要在你的帮助下学会做出正确的选择，或者是从错误选择的后果中吸取教训。

讨论后果

许多父母发现，孩子长大一些后，家庭会议十分有用。这个方法能够有效地呈现规则和结果，收集想法，征求同意。这样每个人都能做到心中有数。如果你让孩子也参与制订规则，他们就更愿意遵守。在第 7 章我会提供关于家庭会议的建议。

和孩子一起讨论不遵守规则将会导致的结果非常重要。你不可能预知所有的情境及后果，但提出一些基本规则，让所有人都有所了解,这样做能有效减少吼叫和争吵。

当你的孩子未能遵守规则,要提醒他们规则是什么,而且只要有可能,尽量给他们遵守的机会。"凯利和杰克,别再为看电视争吵了。如果你们继续吵吵,今晚就要关掉电视了。你们知道规则,所以我希望你们能做出好的选择。"

结果要与行为相关

承担结果可以让孩子为自己的行为负责,也会让你不发脾气。最重要的是结果要与你希望教给孩子的行为相关。孩子天生就"配置"了衡量"这个是否公平"的计量器,所以如果他们明知后果,却依然选择做不该做的事,在某种程度上是因为他们觉得那样才公平。

利用无法解救的结果

无法解救的结果操作起来很简单,但是对那些习惯大事小事都要为孩子提供帮助的家长来说却是很大的挑战。

当我女儿卡瑞娜第一次忘了带午餐盒,我很乐意给她送过去。第二次,我不那么乐意了,但还是花时间给她送了过去。那之后我意识到,如果我不帮她送去,也许她更容易记得自己带午餐盒。我停止解救她,她就开始记得自己带了。

生活为所有人都提供了很多从经历中学习的机会。作为父母,有时你只需要后退一步,不要干预即可。没有必要冲我女儿大吼大叫或者让她因为忘带午餐盒而内疚。她得向朋友要吃的,这就已经是一个可以让她吸取教训的后果。我之前警告过她我不会再帮她把午餐盒送到学校,所以她并不惊讶。这种类型的结果经常被称为"自然后果"。

当然,如果一个小宝宝要去摸烫手的炉子,你不能让她通过烫伤自己来吸取教训。你应该干涉、阻止她,因为你的任务是尽你所能保护孩子的安全。

利用有意义的结果

每天你都会教给孩子很多事情。如果你希望少发脾气，逻辑后果就十分有用。

比如，詹姆斯学会了如何不发脾气地解决萨莎往地上扔麦片的问题。当萨莎把麦片扔到地上时，詹姆斯会提醒她规则是什么。他演示给她看麦片应该如何用勺舀起来然后放进她嘴里。为了鼓励萨莎，他还表扬她自己吃饭吃得很好，并且让萨莎也喂他吃。当她开始玩食物，他提醒她如果再扔麦片，就会被从餐椅里抱出来。她开心地自己吃饭，但是当詹姆斯走开去冲咖啡，她又会把食物扔在地上（她喜欢玩这种游戏）。他没有像以前一样吼叫，而是平静地把她从餐椅里抱出来，口气坚决地告诉她不能往地上扔食物。如果他觉得萨莎还需要吃东西，他会在几分钟后再把她放回餐椅，看看这个后果是否能帮助她明白规则。

如果你的孩子把果汁洒了，不要朝他嚷嚷。拿一块毛巾，让他擦干净。如果他还小，就和他一起擦。如果你的孩子在房间里踢球，你喊他停下来他不听，那么先警告他。如果他继续踢，就把球拿走。他知道规则，这个后果会帮助他记住规则。之后你也许会把球还给他，但前提是他拿着球走到外面，只在车库里踢。

尽量让结果以解决问题为核心：果汁需要被清理干净；球会把墙弄脏，所以只能在外面玩。这些结果常被称为"逻辑后果"。

有时你不能按逻辑思考

詹娜因为妈妈玛丽亚不同意给她买新鞋而骂妈妈。玛丽亚非常生气，但她不知道应该让詹娜承担怎样的后果。她需要教导詹娜懂得尊

重,但她不会像当年她父母那样做——用肥皂洗她的嘴。

玛丽亚想起她在父母课堂学到的一个概念:要让孩子知道,他们既享受权利,也要承担责任。玛丽亚没有发火,她告诉詹娜她很生气,她们俩都需要先冷静下来再沟通。她要求詹娜想想自己做了什么,为什么她的行为不能被接受。玛丽亚说,她会很快回来再讨论后果。

等玛丽亚安慰好了自己,并冷静下来,她走到詹娜的房间告诉她,对妈妈说骂人的话是不尊重别人的行为,在这个家庭不允许。她问詹娜为什么那么生气,她倾听詹娜想和别的孩子一样穿着酷酷的鞋子的感受。然后她告诉詹娜,她使用手机的权利将至少被取消两天,等到詹娜能够以尊重别人的方式说话,她才能拿回手机。詹娜不高兴,但是没有说出来。

后来,她们一起想了个办法,就是詹娜可以通过课余打工来买她想要的鞋。

4. 连接

管教的核心是连接。如果孩子感觉到与你保持连接,相信自己是你的掌上明珠,那么他就更容易听从你的要求。所以,即便你全天都要工作,也应该规划时间,寻找一些方法来让孩子知道你有多重视他。

一对一的时间

抽出时间来与孩子单独相处,给他你全部的注意力,这一点在对孩子的教养计划中十分重要。虽然因此他还是会挑战你或者藐视你,但是如果不能保持爱的连接,情况会更为艰难。

如果你读过其他写给父母的书,就会发现这种为很多专家所推崇的方法有各种不同的叫法。史丹利·格林斯帕（1996）在《不好对付的孩子》(The Challenging Child)一书中把"一对一时间"称作"地板时间"。简·尼尔森（2007）在她的《正面管教 A-Z》(Positive Discipline A-Z)一书中叫作"特别时间"。罗素·巴克利（2000）在《照管多动症》(Taking Charge of ADHD)一书中也称之为"特别时间"。他说这是以玩耍和父母的关注来培养和奖励孩子适宜行为的一种方式。

在我对父母提供咨询的过程中，安排定期的一对一游戏对转化一些困难的境况——比如争执、兄弟姐妹打架、发脾气以及父母的愤怒——很有帮助。使用这个方法对增强与孩子的连接和减少吼叫都很有效，以下是使用时要注意的关键要素。

定个约会

为你与孩子的相处安排出时间来。无论你管它叫作地板时间、特别时间还是一对一时间，关键是让孩子知道你很愿意花时间专门陪伴他。对于很多忙碌的家长来说，这样做并不容易。但是应该这样做，这对你的孩子来说意义重大。

尽管你觉得自己已经有很多时间开车带孩子出门，睡前给他讲故事，但是一对一时间还是不一样。你专门留出来的特别时间能为你们带来新的想法，新的相处方式，以及对孩子更深入的了解。

我建议你至少每周留出 2-3 次，每次 15-20 分钟的时间。当然你可以做得更多，不过对于一些人来说，每周最多只能陪每个孩子一次。从你能够达到的状态开始，逐渐增加次数。如果你每周只能安排一次一对一时间，或许你愿意让单次时间更长一些。如果你有不止一个孩子，如果你有伴侣或者配偶，那么你们可以分工协作。你们可以安排各自陪一个孩子，然后下一周交换。可以用日历或者白板来制订清楚的计划，也方便让孩子知道什么时候轮到他和你在一起。

在我女儿卡瑞娜八九岁的时候，我工作很忙，我会带她出去吃早餐。这是一个特别的时间，我们能够单独相处。她可以选择早餐想吃什么，而我很高兴有时间跟她交流。我们都很期待共同的早餐时光。

让孩子做主

对一些家长来说这个部分不太容易。你可能已经习惯了由你来提议玩什么。在一对一的时间里，要让孩子来选择做什么事或者玩什么游戏。我建议不要看电视或者玩电脑，不过如果你们确实愿意玩电脑，那么要多多和孩子互动。你的孩子也许想要教你些新东西。这里的关键是玩孩子想玩的东西，你参与其中，但是不要太过主动。比如，如果你女儿想要玩手偶，让她决定游戏内容和故事主线。你观察她，跟从她的指示，尽量将你的想象配合她的想法，但不要指挥她该做什么。你的任务是放松、保持好奇以及熟悉孩子的游戏。

再举个例子。如果你儿子想骑滑板车出门，你只需要跟在他身旁，让他决定走哪个方向。专心跟他聊聊你在四周看见的东西，对他跟你说的话做出回应。或者，如果他不想要你说话，就安静下来吧。你的孩子也许不希望结束这个特别时间，但如果你陪他的时间有限，则可以设一个定时器。

一心不可二用

把洗衣筐放下，关掉你的电子设备或者把它们留在另一个房间，把你全部的注意力集中在孩子和你自己身上。如果有人打电话来，别接。如果你不能不接，那么告诉对方你现在不能跟他说话，因为现在是你和孩子的一对一时间。孩子会很愿意听到你这么说。

好吧，我必须承认一心多用对我来说非常容易。多年的护士工作，那么多的病人教会了我有效利用时间。但是研究注意力的专业人士报告说，一心多用会导致无法深入学习。正如爱德华·霍勒威尔在《疯狂的忙碌》(*Crazy Busy*)一书中所说："对大多数人来说，多任务处理会很激动人心，但是这样却不如专心投入一件事那么有效和高效。"虽然这就是做父母的常态，但当你同时做好几件事时，其实很难专心记事或放松自己。如果我对你说永远不要一心多用，未免显得虚伪。而且我并不确定，要养孩子怎么可能绝对不一心多用。所以，你只要在这个特殊的一对一时间尽力保持专注就好。

带着好奇心看待你的孩子，了解他的性格和想法。当他编了一个龙与骑士的故事，仔细听他给你讲。不要教导，提建议或者说教，只要游戏。我知道这样做很难，但我可以告诉你，练习陪伴孩子，享受我们相处的时光，让我受益良多。

找到你们都喜欢的活动

一对一时间对大一些的孩子尤其重要，但是总能找到你们都喜欢做的事情并不容易。我儿子马特13岁时，我感觉与他很疏远，就像和一个外星人住在一起，他的语言和习惯我完全不能理解。我们大部分的交流都是我在告诉他要怎么做或者不要怎么做。我问得越多，他说得就越少。后来，按照他的提议，我们买了一张乒乓球桌子，放在客厅里。没错，我们真这么做了。我的目标是每周能有几次在他放学后和他在一起。我训练自己闭上嘴，只打球。这个方法十分有效，直到他的球技已经远远超过了我，开始因为打败我太容易而烦恼。之后，我也很喜欢看他和家里的其他孩子一起打球。我开始能够从另一个角度欣赏马特，这样我的烦恼和吼叫就少多了。

你也许没有足够的钱或者地方添置一张乒乓球桌，不过棋类游戏也是和大孩子一起消磨时间的绝好方法。我还记得和家里所有孩子一起下棋的美好时光,我们一玩就是几个小时。现在他们都已成人,但有时候我们还会一起玩呢。

一对一时间减少了兄弟纷争

兄弟姐妹间一定程度的打闹和竞争十分正常。他们能从中学会解决问题和与他人相处。孩子可能会嫉妒他的兄弟姐妹,尤其是当他觉得父母对别的孩子更加关心时。孩子往往渴望得到父母全心全意的关注。

无论孩子多大,当出现兄弟姐妹间的争斗时,一对一时间都是一种十分可贵的干预。它有助于减少怨恨,让孩子感觉他对你很重要。

为每个孩子安排与父母单独相处的时间,记录下来并且遵照执行。这样每个孩子都能拥有与你共度的时光,而你不再需要靠大吼大叫来阻止争斗,你会记得你是多么爱他们每个人。

保持好奇

当你的孩子显得心烦意乱,不肯听话时,解决方法之一是找出发生了什么事。如果你真心好奇,并告诉孩子你渴望对他理解更多,你与孩子的连接自然会增加,你也就有能力解决你之前并不了解的问题。

你说话的语调十分重要。如果你不耐烦地说:"赶快告诉我出了什么状况,你为什么还没准备好",你的孩子很可能只会说:"我不知道。"如果你能够注意自己的语调,先让自己平静下来,你好奇的询问就容易被接受。孩子因此能感觉到你在倾听,你关心他的感受,而且你愿意花时间和他一起想办法解决问题。"安琪儿,看起来你好像很不开心。来,坐到我旁边,告诉我你可爱的小脑袋里都在想些什么。"好奇心无关谁对谁错。带着好奇心为问题找到解决方案可能需要时间，但对你和孩子来说，让家里充满连接而非怒气则是再好不过的事。

不要记仇

当你的孩子做了什么让你火冒三丈的事，你是否很容易忘掉这些事，轻装前进？有的家长容易宽容孩子的不良行为，但也有人会记仇，把自己宝贵的时间用来继续生气。当我们不肯忘掉愤怒，其实是在伤害自己和我们所爱的人。作家和活动家安妮·拉莫特在《一路安好》(*Travelling Mercies*)一书中曾写下这样富含智慧的句子："不肯宽恕，就像自己喝下鼠药，却期望毒死老鼠。"

在学校里，我们很多人从未学过宽恕。但作为家长，我们现在要学会宽恕并且以此作为孩子的榜样。宽恕并不意味着我们赞同别人的作为或者忘掉发生了什么，而是意味着我们愿意放手，让生活继续，不要因此就切断与我们关切之人的连接。

唐纳德的困境

唐纳德叫他12岁的儿子迈尔斯在周六帮助他清理地下室，那里需要搭一些新架子。迈尔斯通常挺喜欢和爸爸一起干活，但是这一次，他却在唐纳德从木材店回来之前和朋友们跑出去骑自行车。唐纳德看到儿子不在家，火冒三丈，因为这个活儿需要两个人才能完成，而且他希望在明天亲戚们到来前做完。

唐纳德给儿子打电话，但他没接。很多次尝试和无数咒骂之后，唐纳德最终打通了电话。迈尔斯解释说他们骑得比平常远很多，自己没有注意到时间。"你怎么能这么不负责任？现在给我马上回家！"唐纳德清楚地告诉儿子，他回来后会受到惩罚。他以自己的语调和巨大的敌意表达了愤怒。

当迈尔斯回到家，爸爸又朝他嚷了一通，不许他晚上出门，而且说他们还得把地下室清理好。整个下午他们在一起干活，但没有对对方说一个字。这对他们俩来说都是不愉快的一天。

迈尔斯一开始已经对自己的错误感到抱歉，但是爸爸不依不饶。结果他们都感到无法沟通，迈尔斯对爸爸很恼火，恨不得赶快回到自己的房间，一个人待着。

唐纳德给了迈尔斯一个怎样的教训？错误是不会被原谅的！

唐纳德的 A-B-C-D-E 解决法

下面是唐纳德可以采取的 A-B-C-D-E 解决法，这会帮助他走出怨恨，不吼不叫，也不记仇。

自问：唐纳德意识到自己的失望和受伤的感觉。他换掉那些助长怒气的升级想法，就是把"迈尔斯是个自我中心，不关心别人的孩子"换成"迈尔斯是个好孩子，他看到自己的朋友很兴奋。犯错总是难免的"。

呼吸：随着唐纳德做了几次深深的腹式呼吸，他意识到自己对亲戚们的到访十分紧张。他坐了几分钟，观察自己的状态。他记起自己经常会在有人来访前感到紧张，尽管结果往往都是一切顺利。

平静：呼吸帮助他平静下来。他意识到生一整天气会毁掉他和儿子在一起的时间。唐纳德走到厨房，打开音乐，给自己倒了杯咖啡，等着迈尔斯回家。

决定：等迈尔斯回家，唐纳德会和他谈谈。他会问迈尔斯为什么忘掉了他们的计划。迈尔斯向爸爸道歉，表示如果需要的话，他可以一直干到晚上。唐纳德觉得这真算不上什么大事，他决定不惩罚迈尔斯。

同理心：唐纳德拍了拍迈尔斯的后背，他们都觉得当下的情形有些太紧张了。唐纳德告诉迈尔斯他接受他的道歉，并且很高兴能有他帮忙。他也承认和朋友们一起骑车是比干活儿更有意思的事。他们会一起把活儿干完。

A-B-C-D-E解决法既让迈尔斯吸取了教训，又让他和爸爸保持了连接。和爸爸一起干活也将成为迈尔斯对爸爸的记忆之一，他从中学到了木工活儿，也学到了生活技巧。这种方法能解决问题，因为迈尔斯仅仅是忘记了时间。但如果迈尔斯总是忘记时间，唐纳德就得重新思考他的管教方式，很可能他得用"承担结果"的方式来让迈尔斯懂得责任与承诺。当你花时间仔细思考某种场景时，你是在对孩子负责，而不仅仅是对触发你情绪的东西或者你的压力做出反应。

要理智也要尊重

当你学会不吼不叫，学会对自己心怀善意，你就越来越容易尊重孩子，即便在他挑战你的耐心的时候。别忘了，管教的目标之一是教会孩子控制自己。只要记得这一点，你就能够管理和转化自己的负面反应，为你的孩子做一个更好的榜样。

想想你喜欢的某位上司或者老师。这样的一位权威人物是如何纠正你的错误或者不恰当的行为的？一位好上司或者好老师会以尊重的方式向你呈现结果，这样你就不会感到被打击或者被羞辱。如果你论文交晚了，也许会被扣分；但如果老师当着全班的面说她对你晚交论文感到很失望，或者她完全没注意到你为完成论文做出的努力，你的体验就会完全不同。一位好上司或者好老师会有符合现实的期待，让你承担后果是为了帮助你在将来做出更好的选择，而不是让你感觉羞耻。

思考你的要求和孩子的能力。如果你9岁的孩子因为阅读困难而在做作业时遇到麻烦，不要因为他未能在睡觉前完成作业而冲他嚷嚷。他需要的不是承担未完成作业的后果，而是你帮助他完成有难度的作业。如果他第二天忘记交作业，他会被扣分，这是他承担的自然后果。

如果你3岁的孩子因为收拾玩具而烦躁，你需要教她如何开始，而不是威胁她要把玩具都拿走。理智的做法是教给她玩具玩过之后要收起来。可能的结果是只有玩具收拾好，她才能开始画画。如果你能在开始时帮她收拾，时间长了她就能学会自己收拾。如果你注意到她把东西弄得一团糟会触发你的情绪，就要改变你升级的想法，不要这么想，"她在控制我，她总是不听话。"而应提醒自己，"她才3岁。她想玩不想收拾，这很正常。我可以帮她学习。"不要让怒气辖制你的反应，这样你才能够以尊重和理智的方式管教孩子，并且避免大吼大叫。

在第七章你将学到更多方法，帮助你修复被吼叫和伤人的话破坏了的亲子关系。你还将有机会回顾其他减少吼叫的方法，比如提前制订计划、家庭会议以及使用计时器等。

值得思考：管教不像我想的那样

当孩子出现失当行为时，要观察，要倾听，要思考，而不是任由事态发展为冲突和不可收拾。孩子的失当行为往往是对压力、恐惧、不安全感或者其他情绪的一种反应。先让自己平静下来，然后再想想孩子到底需要什么。

花时间陪孩子，跟随你的好奇心更多地了解孩子。倾听孩子，游戏的时候和他一起大笑。有质量的陪伴时间就像黏合剂，可以让你们保持连接，同时减少吼叫。

第6章 "除了吼叫,我还能做什么?"

养育需要时间、关注、同理心和耐心——这些也是你们大部分人每天都渴望得到的。你的状态时有起伏,但记得回到"A-B-C-D-E"的步骤来调整自己,同时运用管教4C法则。你的孩子要以你为榜样来学会尊重,即使是在他犯错的时候。

第 7 章

"救命,又一波风暴即将来袭!"
保持平静,休整,规划路线

> 最近我发脾气的情况已经少多了,但我刚放松一点,我那个精力充沛的女儿就开始和她妹妹吵闹。我真希望我们能过几天安生日子。真不能想象当她们都进入青春期时会是个什么局面!
>
> ——劳拉,她有一个 9 岁、一个 11 岁的女儿

当我回想养育四个孩子的经历时,我会惊讶自己曾投入了那么多的时间、关注和心力来解决问题以及搞明白他们的需求。你可能也像我一样,刚刚感觉一切尽在掌握——比如能控制住他们淘气,或者解决了睡觉的问题——马上又有新情况冒出来。上周还管用的方法这周就失效了。然后,你再一次感到迷茫、疲惫,忍不住又要发火。我已经学会了对自己说:"明天又是新的一天"以及"这些都会过去的"。你可能有过平静和谐的日子,不过一旦有了家庭,就难免要应对强烈的情绪以及不同的需求。有孩子的生活就是这样,所以,要调整你的预期,要看得见美好的事情,也要为风暴来袭做好准备。

在这一章，我将为你提供更多停止吼叫的工具、态度和方法，让你在面对新的挑战时可以尝试。如果你已经不再使用吼叫追踪法，可以考虑重新再用几天。这样能够为你提供新的视角来审视自己的触发器和升级的想法。庆祝你已经取得的成功，然后将注意力集中在那些总是让你发脾气的时间和场合。别忘了，在你管教孩子时，保证亲子关系的质量永远是最重要的。

用道歉修复过往

说抱歉（真心的）可以很好地修复你与孩子的关系。有些家长在发脾气后不太情愿道歉，因为担心这会让自己显得软弱并且丧失权威。其实恰恰相反，因为道歉需要力量与诚实，你的孩子会因此珍视和尊重你承认错误、厘清事实的决心。

道歉之所以非常重要的另一个原因是，你是孩子的行为榜样。当你说抱歉时，也是在教给孩子道歉的价值以及如何道歉。如果孩子们学会了同理心、责任感和宽容——这是真诚道歉的三个组成要素——他们今后与家人和朋友的关系也会更好。道歉也能帮助孩子从你的吼叫导致的伤害中恢复过来，同时让你因为能够与他重新连接而感到放松。

孩子通过观察你来学习如何对待他人。如果你在发脾气之后向孩子道歉，就更容易教会你的女儿在冲弟弟吼叫之后向他道歉。

首先，原谅自己

首先，原谅自己反应强烈。用几分钟时间弄明白是什么刺激了你。提醒自己你的目标是什么，记得错误是可以被原谅的。你会感到后悔，会想自己如果没那么做就好了——这都可以。你可能会这么想：

"我刚才毫无防备。我忘了吃午饭,我把饥饿和焦躁发泄在了孩子身上。我很抱歉。我没照顾好自己,这不是他们的错。我要先赶快吃点东西,然后去向他们道歉。"诚实地承认你对孩子造成的伤害。你可能是忘了吃午饭,但这并不意味着你要发脾气。一旦你内心接受了自己该承担的责任,就能够原谅自己的错误。也许你从未接受过来自父母的道歉,所以当你犯错时,原谅自己就更加重要。对自己充满善意会让你学会对孩子充满善意。

真诚道歉的要素

在《道歉的力量》(*The Power of Apology*)一书中,贝弗利·伊格尔(2002)讨论了道歉的3个R:后悔(Regret)、责任(Responsibility)和补救(Remedy)。

后悔

当你朝孩子吼叫时,伤害了她的感情,自然会感到后悔和难过。你并不想因为自己的反应伤害孩子,但既然已经这样了,表示后悔是很好的一步。"我很抱歉今天在你卧室对你发脾气。这样开始一天真是太糟糕了。我知道这样让你很难过。"

责任

为自己的行为承担后果很关键。"我很抱歉冲你大吼大叫,说你懒。我不应该骂我爱的人。"但如果你又加上这么一句,真诚的道歉就会变味:"我只是因为你没有按时做完你该做的家务而烦躁。"你应该为自己的行为承担全部责任,而不是去指责别人。孩子或许也会选择向你道歉,但这并不是你道歉的目的。如果存在某种会触发你的脾气的行为,比如没有做完家务,应该有比吼叫和指责更好的解决方法。

补救

当你打算修复你们的关系时,要想一个具体的方法来补救因你的吼叫造成的伤害。你要让孩子知道你会努力不再犯同样的错误,尽力不再吼叫。表达了自己愿意承担的责任之后,你也许会加上:"我会更加努力地控制自己的脾气。放学后咱们一起去吃点点心,这样可以一起谈谈你的日程安排和周末计划。"要等到自己已经不再生气或烦躁之后再道歉,不要说了"对不起"却又不以为然。家长教给孩子的往往只是为自己做的事匆忙而空洞地说声对不起,而不帮助他们学习同理心。让孩子学会对他人有同理心需要时间和练习。如果你因为发脾气一天说好多次对不起,你的道歉就没什么意义。这样的情况说明,你需要获得更多支持以改变吼叫的习惯。仔细检查自身状况,看看是不是压力增加,是否缺乏睡眠,或者你忽略了满足自己的情感需求。和朋友、亲戚或者专业人士聊聊。重新阅读本书前面的章节,考虑你的行为造成的结果,提醒自己,减少吼叫为什么对你来说如此重要。

积极主动减少吼叫

有许多方法能帮助你的养育方式变得更加积极主动。你自己就能找到不少办法。现在,我们从牢记以下三个关键点开始:"提前思想和提前计划,就你的计划和孩子进行沟通,对计划保持一种积极的态度。"有时候让孩子也参与做计划是个不错的主意,但也有的时候这样做只会让情况更复杂。

提前计划

养育要主动,意思是你要提前计划好,以避免争执和其他挑战。

你不要将自己设置为被动的"灭火"模式,而是要考虑好你的安排,孩子的需求,以及如何让你的一天顺利度过。

举例来说,在带 8 岁的儿子去食品店之前,要先告诉他你打算买什么。给他一个购物单,这样他可以帮你找东西。让他来挑自己最喜欢的水果,或者在你可以接受的麦片种类中挑一个。提醒他央求要买零食是行不通的,但是买完东西后他可以挑一个酸奶留作饭后吃。让他和你一起想想有哪些健康食物可以在家里当零食,也可以放进午餐盒带去学校。要在开始购物前,就和孩子沟通你的期望,这样就可以以一种明确又友好的方式来减少孩子的哀求和哭哭啼啼。

制订计划时考虑孩子的气质非常重要。下午 5 点的时候,带一个对噪音很敏感、饥肠辘辘的孩子去一个拥挤吵闹的食品店,这注定是个灾难。

制订计划时要考虑孩子的气质

一些提前计划好的策略对大部分孩子都适用。比如,提前计划好每天允许的上网时间,或者睡觉之前应该有怎样的程序,都很有帮助,只要你坚持下来,并且能就规则和孩子沟通,就可以减少吼叫和冲突。如果你在做计划的时候还能够考虑到孩子的个性,你就能更加满足她的需求,同时帮助她遵守你定下的规则。

以下是一些不同气质的孩子的具体例子,看看他们的父母是如何通过提前计划来减少吼叫的。

适应很慢并且精力充沛的孩子

拉托亚是一个适应很慢但又精力充沛的 4 岁女孩。她的妈妈露丝每周有一天需要早起去上班。这种时候,露丝会比平常提早一小时起床,因为她知道让女儿停止玩耍抓紧出门有多费劲。露丝洗完澡,穿好衣服,在叫醒拉托亚前已经喝过咖啡。她还会在前一晚把要穿的衣服准备好,把午餐装好。拉托亚醒了之后,她们会玩"赶快穿衣服"的游戏。如果拉托亚能够在 15 分钟内穿好衣服梳好头,她就能得到一份有华夫饼、草莓和培根的特别早餐作奖励。这是拉托亚最喜欢的早餐,她因此特别有动力加快节奏,让妈妈能够按时准备好。

你也许会认为早餐奖励是对孩子的贿赂,但我认为那是一种动力。有多少个早晨,如果不是想到公司付我工资的话,我肯定会翻个身把闹钟关掉。我们的内驱力不够时,往往需要来自外部的动力。这里的关键是:不是露丝要求拉托亚做的每件事都有特别早餐或者游戏做奖励。这个好玩的规矩已经成为拉托亚很向往的一件事,一部分是因为她是和妈妈一起在玩这个游戏,当然,她也很爱吃华夫饼。

敏感慢热的孩子

杰杰 10 岁,是一个敏感慢热的孩子。每次只要放学后有游泳训练,杰杰准会有哪里不舒服,比如头痛,或者累了。他希望说服爸爸里奥同意他请假,尽管他很喜欢游泳,也愿意留在游泳队。

杰杰的抱怨让里奥很是烦恼,于是他找教练求助。教练认为如果杰杰能够早一点开始热身的话,他的表现就会更好。杰杰觉得这主意不错,他爸爸也发现,如果让儿子比其他孩子早 20 分钟开始练习,冲突就能少很多。杰杰很期待一个人练习的时间,四周静静的,只有爸爸在旁边。里奥会对儿子的要求进行回应,并不断鼓励他。这样一来,杰杰对游泳训练不再那么抗拒,里奥也很少像以前一样发脾气。一个慢热的孩子往往需要更多的时间和空间才能感到安稳和自信。

情绪化和固执的孩子

阿玛雅是一个情绪化和固执的 6 岁孩子,她总是会用新的想法和问题打断爸爸卡尔。她会一直这样做，直到爸爸怒气难忍。后来卡尔找到了一个办法：他教会阿玛雅给他的电话留言。当卡尔晚饭后需要一会儿安静的时间时，他会设好计时器，在此期间，阿玛雅会把自己的问题和想法录下来，这样就不会打扰爸爸了。

卡尔和阿玛雅会在睡前一起听录音，谈论她的想法和问题，并因此而感到欢欣。阿玛雅很期待和爸爸一起度过这个时间，她甚至开始录歌给爸爸听。

你可以看到对气质的理解会如何影响你的计划，会有助于加深你对孩子以及孩子的特点和行事方式的同理心。制订计划时，也要考虑到你自己的气质以及什么能帮助你平静下来。

使用定时器

定时器能有效帮助孩子明白将要发生什么和什么时候发生。除了帮助你管孩子，定时器还能教给他们更重要的东西。

在尊重和有效沟通的基础上设定的规则对孩子的成长很有帮助。定时器作为一个中立的工具，可以帮助孩子理解"转换"和"轮流"。当一个活动到时间该停止时，定时器可不会被孩子假意的眼泪蒙蔽。

当孩子们学会控制自己的冲动并且理解了他们行为的结果时，就会对自身以及自己的能力有更好的感受。能够停下游戏来收拾玩具，这会增加孩子对家庭或者学校的归属感，因为这里井然有序而不是乱作一团。

年龄小一点的孩子更喜欢计时器，大一点的就会有些抵触。对于青少年来说，如果制订计划和界限时让他们参与其中，他们对计时器的接受度就会好很多。

如何使用定时器代替大吼大叫

以下是几个使用定时器代替吼叫的例子：

轮流：家长的工作之一是教给孩子符合社会规则的行为，比如"轮流"。对大多数孩子来说，荡秋千正开心时要让给别人玩，这可不是天生就能做到的。在教孩子们轮流时，计时器能够很好地帮助孩子掌握时间，并且让他们安心地知道很快还会轮到自己的。

以下就是一个使用定时器来解决兄弟姐妹冲突的典型例子：

凯西：汤米，电脑你都占了一天了，该轮到我了。

汤米：才不是呢。我才刚开始用。之前是妈妈在用。

凯西：你那个愚蠢的游戏都玩了五次了。

汤米：我没有！

妈妈：看起来我们需要用定时器了。从现在开始到晚饭前，你们每个人可以用15分钟电脑。定时器一响，就轮到另一人。如果你们今天晚上需要用电脑来写作业，我们可以讨论一下，看看每个人需要用多少时间。既然汤米已经用过电脑了，现在，凯西，你可以用15分钟。

汤米：但是妈妈，我还没用到15分钟呢。

凯西：你都用了1小时了。

妈妈：我们现在是要往下轮换，这样你们每个人都能轮上。否则，就只能把电脑关了。我知道如果不用定时器或者不看钟，很难说清楚到底已经用了多少时间。我就经常忘了时间。汤米，我要准备晚饭了，你不来帮妈妈吗？

转换：困难的转换往往伴随着(你的孩子)发脾气和(你的)吼叫。

很多时候转换意味着孩子要停下一个有意思的活动，开始进行另一个不那么有意思的活动。类似的转换包括从游戏时间到整理时间，准备睡觉，或者准备出门。你可以利用定时器来作为停止和开始一个活动的信号。

停止游戏：玩游戏的时候，成人和孩子的期望值往往是不一样的，而且大家都容易忘记时间。（出于包括要遵守作息时间以及父母的耐心不足在内的各种原因）当游戏的时间有限时，定时器能够提供一个清晰的结束点。比如：

詹妮：妈妈，你能和我一起玩大富翁吗？求求你了，求求你。

妈妈：我很愿意，但是，詹妮，大富翁一玩就是好几个小时，而你很快就该睡觉了。

詹妮：好吧。能不能我们先玩，但不收起来，这样明天可以接着玩？

妈妈：当然可以。我看看，现在是 7:15，我们玩到 8:00。我把定时器定好，这样你就能按时上床。

（8:00，定时器响了。）

妈妈：到时间了。不玩了，准备睡觉吧。

詹妮：但是妈妈，该我来啊。来吧，我们再玩一小会儿。

妈妈：这样吧。你可以最后扔一次骰子，但只能到这儿了。（妈妈知道，作为一种过渡，詹妮需要玩完自己这一轮。）

詹妮：哇！我得到钱了，我可以盖一些酒店。

妈妈：詹妮，你得下次再盖了。我们说好的，现在该停止游戏了。把你想做的记下来，免得明天忘了。（妈妈知道如果再让步，詹妮会继续挑战她的底线。）

詹妮：哦。好吧妈妈。但是你要保证我们明天还能玩。

妈妈：如果你在 7:15 前把作业都做完，而且没有什么特别的事情，我们就还可以玩。（妈妈已经学会了，因为事情常有变化，所以不要轻易承诺。）

　　准备睡觉：西恩总是不想去睡觉。就算已经很累了，他也很讨厌停下手头的事去换睡衣、洗脸、刷牙。他已经 8 岁了，但他从小就这样。他非常喜欢爸爸蒂姆给他讲自己编的睡前故事。蒂姆已经说过，当他说该睡觉时，西恩有 15 分钟来做完各种事情。蒂姆每次都会定好定时器，西恩也知道如果他不按时准备好，蒂姆就不会给他讲故事。

　　有时候西恩会沉浸在自己的游戏里，会因为要停下来而抱怨，会忘记刷牙。当他没有在规定时间内上床，蒂姆就会告诉他不能讲故事了。他亲吻他，跟他说晚安，陪他坐几分钟，聊聊一天发生的事情。错过爸爸非常有创意的故事已经足够让西恩记得下一次要在定时器响之前做好睡前准备。

　　解决兄弟姐妹冲突：大部分家长会很难接受孩子之间的争吵。这种争吵会导致一些家长尖叫、咒骂或者说一些他们之后会后悔的话。兄弟姐妹间的争执也是导致我朝孩子们吼叫的主要原因。很多育儿专家建议"让孩子自己解决自己的问题"，但是家长往往没有足够的容忍度和耐心。孩子们也需要有人教给他们如何解决问题和考虑他人的需求。还有一点特别重要的是，要留心孩子们中间发生的肢体或者口头冲突。如果你在一旁，听到或者注意到任何辱骂或者虐待的行为都要及时制止。

　　对付你的孩子们（或者他们的伙伴和表兄妹）的冲突的一个办法就是要求他们在限定时间内解决分歧。如果他们不能解决自己的冲突，那么你来决定后果。

第7章 "救命，又一波风暴即将来袭！"

下面再来看汤米和凯西之间的冲突。

汤米：给我这个！你这个小东西！（汤米推了妹妹，抢走了玩具。）

凯西：妈咪，汤米推我。

汤米：妈妈，凯西拿了我的变形金刚，还不肯还给我。

凯西：你根本都没在玩，它就在沙发上。我恨你，你从来都不跟我玩，也不让我玩你那些破玩具。

妈妈：好吧，你们两个，你们知道规矩的。你们有5分钟来和平解决这个问题。不能打人，不能骂人，不能推搡。我会定好定时器。如果定时器响的时候你们不能停止争吵，那么到晚饭前为止，你们就不能在一起玩了。

汤米：妈妈，这不公平。这事是凯西挑起来的。

妈妈：现在应该向前看，想出一个你们俩都满意的一起玩的方法。我会定好定时器。（妈妈定时5分钟，然后离开了房间。）

结果A：5分钟后，定时器响了，孩子们还在争吵。妈妈告诉他们，他们需要分开在各自的房间里玩，直到吃晚饭。她说晚饭后他们会一起商量，看看当凯西想玩汤米的玩具时如何找到一个不伤害任何人的解决方法。

结果B：定时器响了，他们已经解决了分歧，不再争吵，到后院去玩球了。晚饭的时候，妈妈对他们的努力给予了积极的肯定："你们解决了自己的问题，这非常棒。很多成年人都做不到呢。你们怎么做到的？"

定时器使用小技巧

你可以考虑以下建议,然后根据你们家的需求和特性选择使用。

- 准备好一个定时器,让大孩子可以自己使用。
- 要根据孩子的年龄和活动的类型来决定轮换的时间——一般来说,孩子越小,每次轮换的时间要越短。
- 如果因为谁先开始而有争议,可以扔硬币决定,大部分孩子都愿意这样做。
- 如果孩子正确使用了定时器,尤其是自己独立使用时,要表扬。这样做是在强化解决冲突的可行方式。
- 如果你要让孩子承担没有遵守规则的后果,别太严苛。合理的后果才能让孩子有所学习。
- 为处理纠纷和坚持家庭规则设定清晰的流程。
- 不要站队。你可以问问他们是否需要帮助来解决某个具体问题。他们解决问题的能力跟很多因素有关,包括年龄、性格、训练程度以及练习的多少。
- 使用定时器解决争吵时,如果孩子要求给他们多一些时间,你要根据实际情况做出判断。如果他们已有进步,重设定时器,给他们更多时间是可以的。
- 定时器也可以用来给你自己几分钟时间关注你的呼吸,感知你的身体,留意你的感受,想想你需要什么来保持平静和做出理智的回应。在一直匆忙向前的路途上,我们都需要一个暂停的时间。

规划家庭会议

如果你想要在育儿过程中做好预先安排，那么家庭会议是一种很有必要的尝试。定期的家庭会议是一个很好的机会，用来表达家庭价值观、共同规划时间、厘清期望值、表达欣赏与感激，以及解决麻烦和挑战。家庭会议的目标是要让全家人感觉像一个团队，一起学习，一起工作，一起欢乐。

挑战

你也许会觉得召集家庭会议是件很不确定的事，也许你觉得很难要求孩子们或者你的伴侣参与。对有些人来说，家庭会议显得太过正式，对另一些人来说，最难的是安排时间。我和丈夫刚开始尝试家庭会议时也遇到过一些挑战——我现在还能听到当我叫孩子们参加会议时他们的抱怨。而现在，我希望我们是在孩子们更小的时候就开始了家庭会议。

刚开始的时候我们也有过很多失误。会议时间太长。我们也没有意识到应该纳入更多有积极意义的议程，比如表达欣赏与感激，或者计划出游。另一方面，我们也获得了不小的成功。在家庭会议中诞生的一个主意叫作"飓风清扫一小时"：我们提前商定一个小时的时间，全家人一起出动，清扫和布置房间。我们有一整套方式，用来轮流承担不同的任务，播放音乐，然后全情投入。

尽管不是每次会议都很顺利，但通过这种方式，我们让孩子们知道，他们的感受和想法对我们很重要，我们很珍惜他们的参与。

机会

很多亲子教育的专业人士都赞同家庭会议的价值，但他们提供的方法各不相同。

家庭会议应该把重点放在解决问题，而不是抱怨上。如果你想要弄明白一个问题，你首先要做调查。提问要有助于弄清事实，并且让相关人员感到被理解和被倾听。比如，如果你的女儿说她不愿意再承担喂猫的活儿，要给她时间解释发生了什么。问问其他孩子是否有类似的经历。一起想办法。也许有别人愿意喂猫。也许你的女儿已经准备好承担更加有挑战性的家务。

通过参与家庭会议，孩子会学到解决问题的创造力和沟通技巧，这对于他们在学校、工作以及与朋友的相处中都将提供很大帮助。很多小问题在发展为大麻烦之前就能够被解决掉，孩子们也会对自己的能力更有信心。成功的家庭会议需要练习、耐心以及积极的态度。

家庭会议成功指南

下面列出的是召开家庭会议要考虑的基本要素。你可以据此制订一个适合你家的计划。你可以通过尝试找到解决问题和获得乐趣之间的平衡。刚开始时可以短小，但是要积极有趣，这样你的孩子才会愿意再次参与。

什么时间

选择一个对所有家人都最合适的时间。可以是每个周日晚饭之后，或者是周六早晨，在大家都还没有开始忙碌之前。尽量固定在同一天同一时间，会议要简短——20分钟就差不多，这样对大家来说也不会是负担。

什么地点

任何一个舒服的地方——餐桌旁，客厅里，私密的小房间，或者户外。关掉电话和电子设备，找一个干扰少的地方。

谁来参加

孩子的性格和成熟度会不一样，但是一般 4 岁的孩子已经可以参与了。再小一些的孩子，如果不太打扰的话，可以在开会时在一旁安静玩耍。只要没有吼叫、争吵、比较或者指责，大部分孩子都喜欢家庭会议。全家都能参加再好不过。如果有一位家长不在家，你们仍然可以开会。出差在外的家长可以发来议案或者通过电话参加。

如何开始

◎ 打印一张议程表，让家庭成员可以了解将要讨论的想法和事情。一周之内，议程表要一直贴在冰箱或者白板上。议程可以包括周末去哪里，哪些家务需要做，为去朋友家过夜作计划，或者需要一个新的方式来帮助孩子们按时做好上学准备。鼓励家里的每个人贴出自己的想法或困难。

◎ 告知会议的时间地点。

◎ 决定谁来主持会议。如果轮流主持在你们家比较可行，可以尝试。很多孩子都愿意尝试主持会议。这样可以让你离开自己固有的权威角色来看问题。

◎ 如果你家里老有人经常打断别人说话，或者很难做到轮流发言，可以使用"发言筷子"，或者任何你可以拿在手里的东西。轮到你说话的时候，你拿着一根筷子，说完之后，把筷子给下一个发言的人。

会后

把达成的共识记下来以免忘记。感谢每个人的参与，以积极的基调结束会议。

关于家庭会议议程的建议

- 设一个定时器。这样会有助于你们遵守约定的时长,并且以积极的基调结束。如果有大孩子在场,定时器响的时候,大家正在进行颇有成效的头脑风暴,可以问大家是否愿意延长会议。

- 对家庭中的好人好事给予反馈。一个比较受欢迎的方法是轮流发言,每人对每个家庭成员说一件欣赏他或她的事。几周之后,教孩子举具体的例子说明他欣赏别人的原因。比如"我欣赏彼得的幽默,昨天我心情不好的时候,他到我房间来,给我讲特傻的笑话,直到我忘记了膝盖的疼痛"。

- 先讨论孩子关心的问题。孩子会更感兴趣谈论他们自己的事。优先解决那些你想在会上解决的问题。内容不要太多,有些事情可以挪到下周再说。

- 每周只谈论一个家长关心的问题。想想吧,你一年可以讨论52个问题呢!如果你有伴侣或者配偶,你们会前要先沟通,以便对议题的优先级保持一致意见,并且能为问题提出一个积极的框架。

- 针对解决方案做头脑风暴。头脑风暴的过程中,不要对某个想法做出判断(你也许需要提前说明暴力的方法是不被接受的)。之后你们可以讨论哪个想法比较受欢迎。大家选出一个方法来,作为期一周的尝试,然后在下一周的会议上评估。

- 记录行动计划。把它们张贴在家里所有人都能看见的地方。
- 预览下一周的家庭日历。这能帮助大家为即将到来的排练、运动、会议以及其他特别的事情做好准备。
- 以制订好近期可行的一件有意思的事的计划为结束（这也可以包括在头脑风暴环节）。你可以计划未来的大项目，比如下个月去露营，也可以是小活动，比如周末晚上吃比萨玩桌游。全家一起度过的欢乐时光能有效减少冲突和吼叫。
- 提供小吃。有人在会议中间吃甜点，有人会留到会后吃。你也可以做些爆米花，作为家庭会议固定的健康零食。

丰富多样的"不吼不叫策略"

在我看来，身为父母要练就的最重要的本领就是关注别人，以及对自己和孩子所处的状况保持开放的心态。我在本书中提出的所有建议都是以这种简单但颇具挑战的心态为核心的。

多年来，我为家长们提出了无数的建议和策略，同时也在身体力行。这些建议和策略，有些来自我自己的尝试和错误，有些来自书本、视频以及其他专业人士。以下这些方法都是我从40多年学习儿童发展以及养育子女的复杂历程中获得的最有效方法。我在这里的叙述比较简略，如果你对其中任何一个想法感兴趣，可以在本书的附录部分了解更多，或者干脆上网查询。

运用每日常规、表格和日历

> "我就是没办法让我的孩子早晨不要磨磨蹭蹭,晚上不要总央求多玩会儿电脑。现在,我通过做表格来解决这两个问题。早晨的我不再大吼大叫,我希望这种状况能继续保持。"
>
> ——梅尔,一个7岁电脑天才的父亲

老师们都知道有规律的生活和可预测的日程安排对孩子很有好处。如果没有提前计划,学校生活就会变得一团糟。如果能预先知道将要发生的事情,孩子们就会有安全感。提供一个大框架,让孩子在其中自由探索,这样能让孩子了解边界的概念。

比如,为孩子制订一个放学之后的计划将有助于减少他央求玩电脑或者抱怨做家庭作业的情况。对大部分孩子来说,一个贴在墙上的简单表格就能极大地帮助他们调整和适应放学后的时间。和你的孩子一起坐下来,为下午3:30到晚上8:30之间要做的事情定一个计划。你们可以一起决定是先玩还是先做作业,以及玩多长时间。在作业完成之后和睡觉之前预留一些空档时间。虽然有常规也有大原则,但适当的灵活性还是有必要的。在你评估有效性的时候,不要害怕做出改变。

如果家里人多,日程安排很复杂,那么一块大大的白板是很有用的。你可以将家里所有人的名字列出来作为纵轴,一周七天作为横轴。周日和所有人一起列出本周安排,以避免大的"惊喜"。比如,你突然要出差,可能就没有人带你女儿去参加学校的演出。

表格的另一种使用方法是把孩子一天中要做的事情列出来。比如你3岁的孩子在准备睡觉的时候特别容易分散注意力,你可以做一个表格,画上刷牙的小孩、上厕所的小孩、换睡衣的小孩。这些视觉信息可以帮助孩子明白下一步该做什么。你还可以让他每做完一件事就在图画旁边别一个别针或者画个勾。

有人会把表格与奖励结合起来，以鼓励某些行为。这种方法有利有弊。我的建议是要简单、容易追踪，并且只限于在某个特定时间做到某种改变或者达成某个目标。比如，如果你总是因为孩子在早晨的各种抱怨而发火，你就可以告诉孩子，如果他能够在8点之前没有任何抱怨地穿好衣服，刷好牙，吃完早餐，他就可以获得一项特权，比如放学后用30分钟电脑。每一天，当他不带抱怨地做完一件事，就在旁边画个勾。你还可以把目标拆分成10分钟——如果他能够不抱怨地做完一件事，就获得一项10分钟的特权，做完两件事就得到20分钟，3项都做完就得到全部30分钟。或者你也可以将规则设定为必须要三件事全都做完，否则这一天就不能用电脑。

这个方法可以帮助孩子针对某个具体的行为做出改进，帮助你打破自己吼叫的行为模式。如果你坚持这样做了几个星期，很可能孩子在早晨已经十分合作，那么就可以不再使用这个奖励表格。让孩子知道你为他改变自己早晨的习惯做出的努力十分高兴。提醒他如果他能够继续保持不抱怨地按时做好准备去上学，他还是可以在晚饭后得到30分钟用电脑的时间。如果他遇到问题，可以找你帮忙。这叫作"特权与责任法"：如果你负责任地做完早晨需要做完的事情，你就可以得到用电脑的特权。不过，如果你过于频繁地使用这个方法，你的孩子就会期望自己做的每件事情都要有额外奖励。

老师会为那些需要特别动力才能遵守规则的孩子使用行为记录表格。但要注意，这样的表格最好不要用于惩罚，而最好用于跟踪记录孩子为达成目标所做的努力。家长们在学习上厕所的孩子身上使用贴纸表格，也获得了很好的效果。在表格上贴上贴纸，能让孩子为自己的行为感到骄傲。如果你对这个方法感兴趣，可以了解更多信息，你做起来也会更加得心应手。

放低声音

一个简单的技巧是用悄悄话代替吼叫。当你的孩子没有按你的要求穿好鞋,你可以走近她,安静地站着,然后放慢语速悄悄对她说:"请把你的鞋穿上。"她会因为你的新方法而惊讶,你则不需要发脾气也吸引了她的注意力。有的孩子头几次会觉得很有趣,然后就有些厌倦。有的孩子则会喜欢这种变化以及你平静的声音。我想说的是,不吼不叫,用悄悄话也可以把你的要求表达得清楚直接。

利用幽默、惊讶和创意

马约莉,一个3岁小孩的妈妈,给我讲过一个有趣的故事,是关于她如何让女儿停止在杂货店的通道上大发脾气的。当女孩开始捶打地板,哭着要糖果时,她也在女儿旁边坐下,捶打地板,并发出滑稽的声音。孩子立刻就不再吵闹了——妈妈滑稽的样子让她非常惊讶。马约莉并不在乎旁边人是怎么想的,她用自己良好的幽默感帮女儿恢复了平静。

如果你的孩子比较情绪化,幽默和惊讶比吼叫要有效得多。当你的孩子第十次大声抱怨旅途太长,他已经在车里待不下去时,你可以把车开向路边(当然是在保证安全的情况下),让车子颠簸几下。或者玩个游戏,你假装想把汽车变成飞船飞向太空,然后问问孩子想把车变成什么。告诉他你也觉得坐那么长时间的车很无聊,然后鼓励他开动想象力。准备一张有滑稽歌曲或者笑话的 CD 也可以让你们的车程充满笑声。

我还记得在一次针对多动症儿童父母开设的培训课上,一位妈妈说,唯一能让她不发脾气、不对孩子做出严厉惩罚的事情就是和超人木偶玩穿衣服的游戏。超人会帮助她的儿子选出要穿的衣服,然后帮

一个简单的技巧是用悄悄话代替吼叫。当你的孩子没有按你的要求穿好鞋,你可以走近她,安静地站着,然后放慢语速悄悄对她说:"请把你的鞋穿上。"

他穿好。孩子穿衣服时妈妈编的故事帮助孩子保持专注,不会被房间里的其他玩具分散注意力。这位妈妈非常清楚,早晨的这场木偶表演是值得的,因为她和儿子都讨厌吼叫大赛。

试试数数

我的朋友伊莎贝拉有一对3岁的双胞胎。她发现数到3对孩子们有魔法般的效力。她用的就是非常流行的,由托马斯·M.费伦创造的"1-2-3魔法"暂停体系(2010)。她只是简单地说:"现在请停止游戏。"如果他们不肯听,她就用平静但坚定的声音说:"我数到3,就得离开。"她一开始数"1!"他们就会立刻行动起来。她的孩子们似乎需要这样的警告,通常都会按伊莎贝拉的要求去做。我问她如果孩子们不肯听怎么办。她说她就会坚持把他们带走,或者通过其他事情让他们明白她会说到做到。这里的关键是,孩子们能从她的语调以及她说"现在我要开始数数了"明白自己的时间到了,他们必须得听妈妈的话。

静候结果

如果孩子知道她必须先把玩具收起来才能拿出画笔,你要给她提醒,然后给她照做的时间。如果你不着急离开,可以等等看。坚持你所说的,看孩子会作何选择。如果她开始哭哭啼啼,说想要画画,你大可像个坏了的留言机一样平静地一遍遍重复:"只要你把这些毛绒玩具收起来,我就帮你把画笔拿出来。收拾好了告诉我。"如果你觉得房间里扔的毛绒玩具太多了,她可能收拾不过来,你可以和她一起收,但一定要确定她也参与了劳动。

这里的关键是,不要因为她开始哭哭啼啼就改变主意帮她收拾,否则就一定会变成对哭哭啼啼的鼓励。你对"除非玩具收好,否则不能画画"越坚持,她就越早学会做好自己该做的事。我刚才描述的"坏掉的留言机"的方法就是要你坚持自己想要的,但同时保持冷静。你通过重复自己的指令让孩子明白你不会改变计划。

选择你想打哪场战争

"选择你想打哪场战争"是一个做父母的常用策略,它让我们对孩子抱有现实的期待,同时抵抗自己的完美主义倾向。正如你已经明白的,当孩子降生,一个安静整洁、井然有序的家就不复存在了。如果你试图纠正孩子做的每一件你不赞同的小事,你就会筋疲力尽,濒临崩溃,而且还有可能将每一次与孩子的互动都变成一场战争。

审视你所在乎的东西。想想你希望孩子未来成为一个怎样的人以及他需要学习什么才能做到。核心价值观——比如诚实、善良与合作——能提醒你哪些战争值得打。如果你2岁的孩子打你,你应该纠正他。如果你对这种行为视而不见,他就学会了打人。你不需要吼叫,但是你必须告诉他,无论在什么情况下,他都不可以打你。

另一方面,如果孩子想穿着他的超人图案睡衣去杂货店,这件事值得争执吗?或者如果你女儿的衬衫和裤子搭配得不好,需要批评她,要求她换掉吗?"不能穿这个!"的要求也许你该留到参加学校的重大活动或者和亲戚朋友去高级餐厅吃饭时再说。想想什么对你来说最重要,小事情就随它去吧。

如果你知道自己的孩子属慢热型,在新环境需要时间适应,更要有所准备,好好选择你的战役。比如,你们去做客,发现主人的安排是小朋友不跟父母在一起,单独坐一桌。如果你4岁的孩子想要和你坐在一起怎么办?与其和他争执,告诉他应该像大男孩一样去跟别的孩子坐在一起,不如考虑让他坐在你旁边直到他适应新环境,准备好离开你身边。这个例子也说明了解孩子的个性对你做出选择很有帮助，尽管也许有人会觉得你太"惯着"你容易紧张的儿子了。

"再来一次"

这个简单的办法可以帮助孩子学会哪些行为是可以接受的。就像电影导演会要求演员一次次重新表演直到他满意为止，你可以在需要的时候要求孩子"做第二遍"或者"做第三遍"。比如，你认为礼貌十分重要，当你的孩子行为不礼貌时，你就会生气。不必大叫："不能那么粗鲁"，你可以平静地说："你知道在我们家，如果想要更多食物，说'请'是十分重要的。不能只是伸手直接抓盘子。请重新做一次。"

孩子哭哭啼啼是你吼叫的触发点吗？如果是，当孩子因为想吃零食而哭哭啼啼时，试试"再来一次"的办法。"詹米，你知道不应该用这样的语调要零食。请再来一次，这次请用友好的语调。"

这四个字可以成为提醒孩子遵守你制订的家庭规则的一种简单方法。只是要小心别让自己变成个教官，随时随地要求别人做出完美的姿势和表情。

"有问题吗？我们一起想办法"

你家的小朋友在厨房为了谁能吃最后一块巧克力饼干而争吵。与其大声嚷嚷让他们别吵，不如走进厨房问问发生了什么事。很可能他们都会说自己应该吃最后一块饼干。你也不必把饼干分成两半，可以先问问他们有什么解决办法。在这个例子里，可能很简单，也许他们自己就会说把饼干分成两块。这个方法能帮助你先暂停，想想发生了什么，也有助于孩子们参与思考，解决问题。

另一个例子是一个孩子忘了把课本带回家，但是发现自己需要做作业。他来找你，哭着说因为没有课本，他可能会得很低的分。在迅速转入救援模式或者跳起来冲他吼叫之前，你可以平静地说："我知道你遇到了麻烦，我们一起想办法。"

这样教你的孩子解决问题：

◎ 确定问题是什么："我没有我需要的书。"
◎ 想想可能的解决方案："我可以去找杰西借，她家在旁边小区，或者我可以回学校看看是不是门还开着。也许门卫还在那里。"
◎ 考虑每个解决方案可能产生的结果："如果……会怎么样？"
◎ 对行动计划做出决定："我去借书。"

如果解决方案需要有你参与（比如你得开车送他去杰西家），你也要参与做决定。如果不需要你参与，孩子自己就能做决定。事后，讨论事情解决的过程。解决问题是孩子们能够学到的非常棒的技能。当挑战出现时，要帮助孩子学习如何说明问题和参与解决问题。

利用你已有的技能

你从工作或者接受过的培训中可能已经学到过很好的技能，现在也可以把它用在孩子身上。如果你是老师，你或许已经知道如何激励孩子合作。如果你是公司的领导，你可以利用你的领导才能和召开员工会议的技能来组织家庭会议和制订家里的日程。如果你是个护士，你知道如何周到地作计划并且会考虑整体情况。如果你是律师，你知道无论自己内心感受如何，避免显示出攻击性和保持平静都很重要。如果你是艺术家，当面对不确定的未来时，你可以依靠自己的创造力来解决问题。

因为要做的事情太多，家长们往往会忘记自己有什么本领。停下，呼吸，找回你的智慧。你完全具备做好父母的才能与技巧。

值得思考：我从未意识到，除了吼叫，我还有那么多选择

一旦你打破了吼叫的习惯，你就会有更多的精力和注意力来尝试以尊重的方式设定界限和教给孩子他们需要的技巧。

看到孩子身上积极的一面，对他们的努力给予积极的反馈是教养中关键的一部分。孩子希望让父母高兴。他们会注意到哪些行为是你所赞许的，即便他们还不能很好地控制自己，按你的要求去做。

生儿育女就像在乐团中演奏。需要时间你才能表现出色——你需要练习，修正，冒险，获得反馈，发现你的声音，了解其他人的节奏，然后尽你所能。

第三部分

特殊情况

"让我们欢喜或者悲伤的,不是我们的遭遇,而是我们的心态。让我们痛苦的,是我们对所发生的事情的看法。"

——佩玛·丘卓《生命不再等待》

数不清的特殊情况——生病、离婚、失业——都会增加吼叫的可能，或者挑战你、你的伴侣或者某个家庭成员的心态。在这种情况下，你也许需要额外的支持和理解来帮助你尝试减少吼叫。

有些人的痛苦在于他们跟一个爱发脾气的人生活在一起，并且不知道该怎么做才能帮助配偶或者伴侣停止吼叫。你的父母在来你家做客或者帮忙看孩子时也可能会朝你的孩子吼叫，尽管你已经告诉过他们别这样做。

也许你或者你家里的某个人患有精神疾病，有某种心理问题或者慢性病，这都增加了吼叫的可能性。也许你的生活正遭遇艰难的处境，比如离婚，爱人离世，或者家庭虐待——这些事情都会增加压力，因此也激化了你的情绪，让你更经常地吼叫。

嘲笑发脾气的人只能让事情更糟糕，而无视问题的存在对你的孩子和你的婚姻也没什么好处。无论你正身处怎样的特殊情况，这个部分中的各个章节都会为你提供支持。当你面对困难处境，我鼓励你向朋友、家人或者专业人士寻求帮助。

第 8 章

"救命！吼叫的人不是我"
处理家里其他人吼叫的情况

> 我爱我的妻子，但是我开始觉得她会伤害我们的孩子。她似乎认为尖叫是正常的行为。我已经受不了那种吵闹了！
>
> ——迪亚哥，一个 6 岁儿子和 11 岁女儿的父亲

家庭是由情况复杂的个人组成的。也许在你家吼叫的人不是你，但是你却身受伴侣或者其他爱发脾气的家庭成员的影响。

在我的课堂上，拉着爱吼叫的伴侣来上课的人并不少见。我总是很高兴看到父母双方都来上课，说明他们都愿意努力做出改变。也有的时候，来上课的只有一个人，也就是只有一方认为吼叫是个问题。这种情况下，就很难对家庭模式做出改变，除非父母双方在怎样做才对孩子最好的问题上达成共识。

在这一章中，我们还会探讨家里某个人的行为与你的价值观不符时的各种复杂情况。你需要用良好的沟通技巧来引导谈话，这样你的孩子才能从祖父母、叔叔婶婶等亲戚那里得到以尊重为前提的教养。

我们还会探讨吼叫什么时候会成为虐待，探讨许多家庭面对的不

同情况，然后学习解决这些问题的策略。

"我的配偶认为吼叫很正常"

许多人都发现自己与伴侣的性格差异很大。一个是情绪紧张，反应强烈，另一个则可能又敏感又谨慎。

你和你的配偶或伴侣做父母的风格也有可能不同，一个也许比较宽容，容易让步，另一个则像军队教官一样严厉。你的伴侣也许在一个大家庭长大，吼叫是司空见惯的事，而你的父母却从来不大声说话。

因为从小接受的管教方式不同，对你的配偶来说冲孩子吼叫很正常。穆雷·斯特劳斯和卡罗琳·菲尔德的报告（2003，795）称："对孩子的言语攻击，像身体攻击一样，十分普遍，几乎到处可见。"但即使经常性的吼叫在各种文化中都存在，也不能说这是一种与孩子沟通的健康方式。你们要做的是，了解各自的成长环境和方式，基于你们对孩子的需求和你们的价值观的理解，共同探讨出一个计划。

玛塔的吼叫让家人疏远

在最近的一次家长会上，路易斯的老师对他的行为表示不满。她对路易斯的妈妈玛塔解释说，路易斯学习不错，但是他常常在教室里招惹和逗弄别的孩子。尽管他的行为显得缺乏自律，老师还是认为路易斯是个聪明、招人喜欢的孩子。老师提到路易斯可能因为成绩很好，因此觉得学习没意思。玛塔觉得受够了孩子这样的表现，流下泪来。老师建议她来找我做一次关于孩子气质的咨询。

玛塔和丈夫迪亚哥一起来参加咨询。迪亚哥的态度是："男孩难免淘气。"他对儿子的行为并没有表现出特别的担心。迪亚哥对路易

　　你和你的配偶或伴侣做父母的风格也有可能不同,一个也许比较宽容,容易让步,另一个则像军队教官一样严厉。你的伴侣也许在一个大家庭长大,吼叫是司空见惯的事,而你的父母却从来不大声说话。

斯的聪明、有趣和外向还显得十分骄傲。迪亚哥自己个性羞涩，学习成绩不好，未能考上大学。

玛塔却不一样，他们的女儿玛丽无论在家还是在学校的表现都很好，相比之下，玛塔更为路易斯感到焦虑。玛塔抱怨说路易斯从来都不听她的话，总是我行我素，天天都想着要逃过做家务和家庭作业。路易斯充沛的精力、固执和情绪化让玛塔很难接受。她一天要朝她儿子吼叫好多次。

玛塔也很情绪化，她的吼叫已经成为一个被家人厌恶的习惯。路易斯的姐姐玛丽开始越来越多地待在自己房间里听音乐和看书。她不喜欢旁边有人大叫大嚷，吵个没完。迪亚哥常常要求玛塔别对路易斯发脾气，但这反而增加了她的愤怒。玛塔不希望路易斯对父母和老师不礼貌，这也是她小时候绝不会被允许的事。她不想看见自己的儿子一直走在错误的路上。

有一次咨询时玛塔没有来，迪亚哥单独与我交流。他表达了自己对妻子吼叫的感受，他说这让他们的夫妻关系也变得很紧张。尽管他们在一起已经15年了，但是他开始感觉到自己不再尊重妻子。他告诉我，女儿小的时候，玛塔和她相处时很平静。看到妻子现在的变化他很难过，并且担心15岁的女儿也会变得像妈妈一样。当我问到玛塔是否意识到自己的吼叫对家人的影响时，他说没有。他也承认他们没有单独相处的时间，没有亲密的交流，所以，他并不了解妻子的感受。

玛塔和迪亚哥获得帮助

下一次见面时，我为玛塔和迪亚哥提供了一些建议，帮助他们解决夫妻的差异、玛塔的吼叫以及家中的矛盾。如果你也面临类似的情况，也许这些建议也能帮到你。

从夫妻关系开始

我对迪亚哥的感受表示认同,并且告诉他我能看得出他是多么爱他的家人。我强调说改善他与玛塔的婚姻关系会对孩子们有帮助,并且提出了一些方法来拉近他与玛塔的距离。

◎ 找治疗师做婚姻咨询。尽管迪亚哥对找治疗师有些不情愿,但也觉得有这个必要。玛塔的脾气让他们越来越疏远,他们已经无法沟通。

◎ 每周安排一个晚上约会。玛塔和迪亚哥完全没有共度轻松时光的机会。他们总在忙着照顾孩子或者看电视。

◎ 说出你对家人的渴望。迪亚哥有些迟疑,他从未跟玛塔谈过他的感受,而玛塔觉得他根本就不关心自己。他们俩都希望家庭和睦,但是除了互相指责,他们不知道如何交流。

◎ 对介入的方式达成一致。迪亚哥和玛塔共同讨论了听到玛塔吼叫时,迪亚哥应如何介入和提供帮助。注意:必须在爆发前探讨这个问题非常重要。提前做出一个双方都赞同的计划,这样可以避免因为介入方式不当而令吼叫的人更加恼怒,导致吼叫升级。

◎ 评估所有家庭成员的压力水平。迪亚哥意识到玛塔正在应对自己生活中的变化,需要特别的支持。他自己也承受着来自工作的压力。现在他们需要考虑各自行为和责任的优先级,将重心放在对每个家庭成员的关照上。

戴上"气质眼镜"来观察

当父母从气质的角度来看待自己与孩子的关系时,往往能更深入地了解自己吼叫的行为。

在获得一些帮助之后，玛塔和迪亚哥能够通过追踪，并利用气质的概念来减少冲突和他们承受的压力。你也可以这样做。了解气质所扮演的角色，找到策略，然后认真思考可能发生的变化。

◎ 看看自己的气质与其他家庭成员是如何互动的。玛塔和路易斯都容易紧张并且执拗。他们的这种相似常常会导致争执。路易斯的活泼和冲动特别容易刺激玛塔。她将路易斯与性格完全不同的姐姐作比较。玛丽通常很听妈妈的话，而玛塔对路易斯有同样的期待是不现实的。并且她没有意识到路易斯自身的力量。一段时间之后，玛塔意识到她需要接纳路易斯独特的个性，学会帮助他将自己的紧张和情绪转化为积极的行为。

◎ 根据气质来寻找解决方案。玛塔就路易斯的个性找老师谈了谈，告诉她路易斯天生希望成为领袖和大家关注的中心。老师同意会专门表扬路易斯的领导能力，并且设想出一系列方法让路易斯可以控制自己的破坏行为。老师决定为他安排额外的任务，比如去办公室拿东西，或者帮助学习落后的同学。

◎ 反思变化。玛塔愿意对自己的情绪化有更多觉察，看到自己是多么容易大吼大叫。尽管她并不觉得吼叫那么糟糕，但她明白自己的女儿和丈夫都是情绪敏感的人，她的吼叫真的让他们很难受。她也明白自己很容易因为路易斯而烦恼，认为他的一切事情都是麻烦。她愿意改善自己的情绪和冲动，因为这样才能帮助儿子解决他同样的问题。

花时间交流和连接

迪亚哥建议通过家庭会议帮助家人重新建立连接。表达感激对这家人来说是新鲜事,以往,他们很少会给对方或者从家人那里得到积极的反馈。经过一段时间的练习,他们能够轮流表达他们对彼此的需求。

迪亚哥意识到他们很久没有共度开心的时光了,他建议周末一起去划船和野餐。制订计划和关注一些轻松愉快的事情让家里的气氛有所转变。当玛塔的吼叫渐渐减少,迪亚哥和孩子们也感到轻松。随着迪亚哥开始更多参与家务和帮助辅导路易斯的作业,玛塔的反应也趋于平静。

你能做什么

在这个例子中,玛塔和迪亚哥愿意并且能够获得专业的帮助。你也许找不到咨询的渠道,或者承担不起咨询费用,或者你的伴侣不愿意寻求专业帮助。如果是这种情况,我建议你与这位"吼叫的人"做一次坦诚的交谈,告诉她或者他吼叫对你有怎样的影响。不要用指责的言辞,只是谈论你的感受。翻回第六章,回顾"'我'和'你'的力量"这个部分。看看你们是否可以一起阅读这个章节,让你的伴侣知道你愿意为和谐的家庭气氛做出努力。

认真思考你的伴侣需要从你及其他人那里获得什么,才能够朝正确的方向调整自己。在这个例子里,玛塔需要找医生做个检查,以获得针对她的更年期症状的帮助。迪亚哥介入进来,为路易斯辅导作业,并且教他在教室里如何避免打扰别人。路易斯需要得到爸爸更多的关注,爸爸更容易让他平静。另一个关键点是要关注家里那个"安静"的孩子,否则当另一个孩子出了麻烦时,这个孩子的感受就容易被忽略。迪亚哥安排了几次和玛丽一起郊游。他们都喜欢骑自行车,都同意多花时间练习,也愿意共度更多的户外时光。

你不能让别人停止吼叫,但是你可以增加自己的同理心,多多关注别人面临的问题和需求。你还可以示范如何在尊重的基础上与人沟通，可以承担更多家务，减轻伴侣的负担。你也可以向你的伴侣提议共同参加父母课堂，加深对孩子成长过程的了解。这能帮助你对孩子的行为有切合实际的期待。

"爷爷朝我的孩子吼叫"

如果是祖父母朝孩子吼叫，处理起来就要复杂一些。你的反应会跟许多因素相关。比如你与伴侣的关系，你与公公婆婆（岳父岳母）的关系，你的管教原则，吼叫的人实际的行为，吼叫的频率，对孩子的影响，以及你与所有相关成年人沟通的能力。

祖父母扮演的角色与父母的角色有很多微妙的不同，除非这位祖父母承担着照看孩子的主要责任（见第九章）。

我深爱我的孙辈，但我也知道我并不对他们的道德、认知、精神、情感以及身体发育负责。我能通过我的爱与关注影响孩子们，但是这种影响也受到我与他们相处的时间的限制。我很早就明白应该是他们的父母说了算，除非我看到什么危险的事情发生。我努力审慎地控制我的建议。我说"努力"是因为这样做对我来说并不容易。

如果需要，我的孩子们会征求我的意见，在这种情况下，他们就会很乐意听听我的看法。我尊重他们作为友善和投入的家长所做的努力，这也有助于我尊重他们的权限。我负责照顾孙辈时，我尽力遵从他们的父母订立的规矩。管教孩子时，我会设界限，提供选择，给他们预期，同时保持耐心。当我和他们在一起的时候，我不会忙着做别的事，所以他们能得到我全部的注意力。

有祖父母对孩子的生活来说非常有帮助也非常有意义。当祖父母的风格和价值观造成困扰时，一些家长会决定不让祖父母帮忙照顾孩

第8章 "救命！吼叫的人不是我"

子。如果祖父母有吼叫的问题，你就要面对这个困难的决定。最重要的是你需要评估祖父母给孩子生活带来的好处和他们冲孩子发脾气带来的问题。如果你发现孩子有被忽视或虐待的迹象，那就需要立刻采取行动，不要让那个人再照看孩子，哪怕这个人是孩子的祖父母。

让爷爷停止吼叫

罗比是一个单亲爸爸，他有两个儿子，一个7岁，一个10岁。"我每周有一次课，那时候就得靠我爸爸帮忙看孩子。"他说，"但他是一个对纪律要求非常严格的人，自己就是在'孩子不能发出声音'的规矩中养大的。当孩子们不听话或者质疑他的规矩时，他就对他们大吼大叫。我的小儿子，就像我小时候一样，特别害怕爷爷，再也不愿意他来照看他们。我真不知道该怎么办。我知道他太过严格，但他是真的很爱孩子们。"

罗比的前妻完全不管孩子，所以他需要爸爸的支持。他不认为爸爸会虐待孩子，但是从自己的成长经验他也能知道，他的爸爸完全不能忍受任何的不尊重，会把吼叫作为管教的工具。

在这个例子中，罗比可以跟爸爸沟通，达成一个共识："只要孩子们按时上床睡觉，他就不要对他们吼叫"，这样就可以继续请爸爸帮忙照看孩子。然后，罗比可以制订一套奖励的制度来帮助孩子们减少睡前的磨蹭和抱怨：如果他们能够在爷爷来的那天按时睡觉，就能在周末得到一个奖励，比如晚上吃比萨饼或者看电影。罗比告诉爷爷和孩子们，他每周都会跟他们沟通，看大家是不是都遵守了承诺。

你能做什么

不言而喻，负责照看你的孩子的人有权利在需要的情况下管教他们。但是你需要确定哪种管教方式是你认为合适的。身为家长，你有责任尽力保证孩子远离恐惧和伤害。尽管你自己也可能时不时冲孩子发脾气，但这并不意味着你就得允许别人也冲孩子吼叫。

以下是一些解决问题的方法：

◎ 从你的孩子那里了解爷爷吼叫的时候会说什么，以及在什么情况下吼叫。让他们也一起想想看在爷爷吼叫之前，他们做了什么事有可能导致爷爷发脾气。孩子的行为可能是导火索，但这仍然不能成为爷爷吼叫的借口。告诉他们你对爷爷的做法很抱歉，你会跟爷爷谈谈，看如何解决这个问题。

◎ 和孩子一起想办法避免爷爷吼叫。可以和他们玩角色扮演的游戏，让他们练习新的技巧。

◎ 让孩子们知道你非常感谢爷爷的帮助，但是你也能理解他的吼叫有多可怕。

◎ 安排时间与你的父亲当面交流。只要有可能，当面交流永远是最好的方法。先告诉爷爷你非常感谢他帮忙照看孩子。让他知道你需要跟他谈谈他发脾气的情况以及孩子们的表现。

◎ 认真倾听爷爷对于照看孩子的意见以及从他的角度对事情的描述。你也许需要先安抚自己的内心，或者做几次深呼吸，这样你才不会因为自己的童年记忆而预先对父母有防范之心。

◎ 问问他怎样的情况会导致他吼叫。看他是否愿意和你一起想办法改善孩子们那些他不赞同的行为。

◎ 让他多了解你的育儿风格和逻辑。让爷爷知道你正在努力以不发脾气的方式设定界限和规矩，在这方面，你需要他的帮助。

◎ 问问他是否愿意不对孩子吼叫。这是个关键问题。如果他的回答是肯定的，那么你可以继续用上面的方法和他沟通。但如果他说："吼叫对孩子有好处。罗比，你就是太迁就孩子了"，那么你需要想想下一步怎么做。你可以告诉他吼叫对你和孩子的影响。他也许听得进去，也许听不进去。你们这种讨论的质量和内容将有助于你决定是否还要让爷爷照看孩子。

◎ 如果他愿意改变，看看他是否愿意读这本书。和他一起想想能做什么改变。

◎ 让他知道当他负责照看孩子的时候，他可以管他们，但是你不允许使用吼叫、咒骂、体罚的方式。

◎ 当你在家的时候，多邀请他来吃晚饭。这样他可以跟孩子们度过更多快乐时光，也可以看到你是如何贯彻你的管教方式的。

◎ 如果你感觉到爷爷无意做出改变，你还可以请他过来看孩子，但是只有你在场的情况下。或者，如果你在没有找到新的看护人之前还需要他帮忙，请他在孩子们淘气的时候给你打电话，由你通过电话来处理。你也需要跟孩子讨论他们的行为，好让睡觉问题可以平稳过渡。

与你的父母或者岳父母（公婆）谈论管教方法并不是件容易的事。这需要你能够坚持你认为对孩子最好的做法，坦诚地表明态度，即使你会因此感到不安。这也需要你退后一步想想孩子的行为，思考有什么办法可以帮助他们学习自律与合作。

"我的亲戚们觉得我女儿是个讨厌鬼"

我听家长们抱怨过，祖父母或者亲戚认为他们有权严厉管教孩子，即便是当着孩子父母的面。不同家庭对这种情况的接受度也不一样，这取决于许多因素，包括价值观以及代代相传的文化与界限。

在一些家庭中，孩子的行为是在场的所有成年人都可以评判和干预的。他们认为一个孩子是整个家庭的责任，要求孩子尊重所有人的意见。如果你的亲戚们就是这样认为的，而你并不认同，那么就需要跟他们进行坦诚的交流。不要公开指责别人，以免让他觉得羞辱。除非涉及安全问题，最好等到孩子不在场的时候再单独跟你的亲戚交流。

露西崩溃了

麦琪和她的伴侣艾林有个6岁的女儿露西，她敏感、情绪化、活泼，很容易伤心和生气。在大家庭的聚会中，她常常崩溃，大发脾气。不同的亲戚已经在不同场合就露西的行为责备过麦琪和艾林，对他们俩"软弱"的管教方式也颇多微词。就在不久前，麦琪的大哥就冲露西吼叫过，让她不要到处乱跑，说她是个讨厌鬼。露西哭着离开了房间，怎么都哄不好。当露西从卧室出来时，舅舅向她道歉。他说她不是讨厌鬼，但是她跑来跑去太吵了，如果她不这么做，他会很感激。

麦琪和艾林感到很纠结。那天晚上，把露西哄睡着之后，他们做了一些决定。他们给家人写了一封信，表达他们的感受和需求并希望以此开始更多的沟通。

亲爱的家人：

我们写这封信是想请你们不要对露西吼叫，也不要骂她。我们知道她有些容易激动，经常嗓门很大，有时候会让人觉得很烦。我们希望你们在觉得被露西打扰或者对她感到生气时，来找我们沟通。我们会处理好状况，帮助她平静下来，或者做出更好的选择。

有时候如果能够跟露西进行一对一的沟通，会非常有助于她平静下来。我们还注意到她喜欢在厨房帮忙，所以，也许下次她可以帮忙布置餐桌或者端菜。

我们非常感谢你们的爱，也期待每个周日与大家的聚会。如果你们想跟我们探讨这个问题，请来电话。露西已经开始获得专业咨询师的帮助，希望能够帮助她在受到过度刺激时不要有过激反应。我们也很愿意告诉你们她在这方面的进展。

爱你们的：艾林和麦琪

麦琪和艾林还决定不要在家庭聚会上待太长时间，尤其是当露西累了的时候。麦琪跟她妹妹关系很好，她们一起讨论了更多让大家感到舒适的方法。麦琪需要更多支持，也需要家人能够更加尊重露西，看到她的力量和她面对的挑战。她相信这封信会有效果。

你能做什么

不是所有家庭都愿意讨论这类问题。我的建议是，不要让你对家人的感受影响你判断什么对孩子是最好的。家人很重要，所以，尽你所能通过健康的沟通方式来找到解决问题的办法。如果你感到被家人责备，你对自己的感受就不会好，你的孩子也会觉察到这种紧张感，从而导致反应更加强烈。与此同时，你也要持续评估自己的管教方式，看看自己是否设定了清晰的界限，或者在带孩子参与到易受过度刺激的场合前，是否已经帮她做好了充分的准备。

如果你能够获得孩子的祖父母和叔叔婶婶的理解，能与他们进行清晰的沟通，你就有更好的机会欢迎他们加入到对孩子的教养过程中来。你们能一起学到怎样才是真正替孩子着想。你的家人如果愿意倾听，愿意和你一起努力改变，这样也能改善你们的关系。不能保证你的努力一定会得到好的回应。有的家庭成员可能会不赞同你的观点，不愿意同孩子连接。想要解决问题，你需要勇气。

"我伴侣的吼叫像是虐待"

如果你的配偶、伴侣、亲戚或者照看孩子的人经常朝你的孩子吼叫，你会对此做出反应。你的反应基于很多因素——你的敏感度，吼叫的人会嚷什么，对孩子的影响，吼叫的激烈程度和持续时间，以及当事人与孩子的亲密度和连接度。

大部分父母都难免发脾气。偶尔对孩子发火并不能说明这个人就是坏父母。家长都有压力，而孩子总在测试家长的耐心。有的孩子会更加执拗和不好"对付"。有的家长已经能够更加意识到自己的情感，学会了如何控制自己的强烈情绪。但你是凡人，不可能完美。

是虐待吗？

《认识儿童虐待：给相关人士的指南》（*Recognizing Child Abuse: A Guide for the Concerned*）一书的作者道格拉斯·贝沙洛夫（1990，114）说："正如身体虐待是对孩子身体的攻击，情感虐待就是对孩子心理的攻击。"如果一个孩子的身体受到虐待，他的身体上往往（但并非一定）会留下痕迹，比如一块青紫，说明他受到了伤害。而当情感虐待发生时，我们很难立刻看到影响，因此就不知道如何保护孩子。对情感虐待的定义之一包括："由诸如大声吼叫、态度粗鲁、漠视、严厉指责以及诽谤诋毁等行为导致孩子在成长过程中心理和社会交往方面的缺陷。"（瑟欧克里托，N. 卡比提瑟斯和 A. 卡比提瑟斯，2012，64）

因为气质的不同，吼叫也许对一个孩子来说可以算作虐待，而对另一个孩子却没有那么严重的影响。如果你的孩子比较情绪化，当你平静而坚定地告诉他不能像他的朋友那样长时间看电视，他也许会大哭大叫，指责你："你是世界上最坏的妈妈，我恨你！"这听起来好像是谁对他做了很糟糕的事，但这种情绪化的反应并不能说明他受到了虐待。

《情感虐待：语言也会造成伤害》（*Emotional Abuse: Words Can Hurt*）一书的作者玛丽·布赖萨德在她的研究中指出："对一种行为是否造成情感虐待的认定十分困难，因为父母的某些行为虽然有可能会让一个敏感的孩子十分难过，但却是适当且必要的管教。在一个模式浮现之前，审慎评论父母和孩子之间的互动、长时间观察、正式的评估都是必需的。"

吼叫什么时候算是虐待？这个问题是一个真正的挑战。在我的阅读中，在我和其他专家交谈中，或者在我倾听父母时，我发现大家对此的看法大相径庭。一些人认为习惯性地吼叫对管教孩子是合适的和必要的，有些人则认为激烈的、经常性的吼叫就可以被视为虐待。因为要考虑到各种不同情况，所以在吼叫如何能被认定为虐待这个问题上，不可能有统一的标准。大部分人都认同应该针对不同的人，对不同的情况进行单独评估，并且也赞同吼叫造成的伤害会因人因情况而有很大差异。

体罚也存在同样的争议。轻轻打一下屁股与用皮带打孩子是完全不同的情况。吼叫的程度与其影响密切相连。作为家长，需要你在配偶、伴侣或者亲戚的举止越界时能够有所觉察，这样你才能保护好孩子。你所要面对的状况极为复杂，有可能是你的配偶故意通过情绪、言语或行为伤害孩子，有可能是你的伴侣没有意识到孩子的脆弱，也有可能是你的妈妈未能控制好自己的情绪，将她的焦虑和愤怒倾倒在孩子身上，这都需要你仔细分辨。

虐待的杀伤力

我还记得自己有一次因为两个最小的孩子争吵而大发雷霆的情景。我能感觉到自己两颊发热,身体紧张,怒火迅速升级,我完全失去了控制,大吼起来。我警告孩子们:"马!上!离开这个房间!"爆发出来的情绪把我自己都吓了一跳。在那个瞬间,我能感觉到我的怒火的杀伤力,但还是不能平静下来。孩子的打闹刺激了我,但还有很多与孩子完全无关的因素造成了我当时的情绪状态。我已经不记得那时我到底遭遇了些什么事情,但是我却忘不了自己吼叫时的身体感受。那种完全失去控制的感觉很是吓人。

回头反思,我知道吼叫时爆发的情绪滥用了我的能量和力气。孩子们脸上的表情传递了他们的恐惧和被威胁时的感受。我平常友爱温和,那次发作因此加倍可怕。

当吼叫的激烈程度和频率升级时

托妮是 13 岁的曼戈和 6 个月大的尼基的妈妈。她说:"不管什么时候曼戈和我发生争执,或者曼戈抱怨她该做的家务,我的丈夫卢卡就会介入。他冲曼戈大叫大嚷,还骂她。卢卡的脾气和难听的言辞使得曼戈下午经常躲到她的朋友家。我担心我丈夫的吼叫已经变成了一种虐待。他已经开始诅咒,甚至用严厉的处罚威胁曼戈。我不知道该怎么办。"

在这个例子中,托妮意识到家里的情况不妙。曼戈正在疏远她的爸爸妈妈,卢卡的大声吼叫让她感到生气和害怕。曼戈自己也正在面对不断增加的学业压力以及青春期的各种问题。全家人还正在适应尼基的出生带来的变化。小宝宝每晚都会哭好几次,这让大家在各种日常琐事之外又增加了缺乏睡眠的麻烦。小宝宝尼基这些天似乎哭得更多了，而且整天黏着托妮。托妮对接下来将要面对的情况感到十分焦虑。

吼叫对婴儿的影响

正在写作这一章的时候，我听说了艾丽斯·M.格莱姆正在做的研究——"熟睡的宝宝能听到什么：通过核磁共振研究父母间的冲突与婴儿的情感处理机能之间的关系"。这个研究显示，婴儿接触到愤怒的言辞时的大脑反应，与听到同样的话用中性或者有趣的方式表达出来时的反应有所区别。这种区别甚至在婴儿熟睡时也有显现。"我们看到，如果婴儿生活在充满冲突的家庭中，他们对愤怒的语调会有更强烈的反应，"格莱姆说，"而且这种反应发生在大脑负责产生和管理情绪的区域。"（格莱姆，费希尔和法菲尔，2013, 782）

这个研究彰显的问题是：父母间的冲突以及（成人通过语调和声音所表达出来的）愤怒的语言对婴儿的大脑以及未来的发育所产生的影响。这个研究以及其他的许多研究提醒我们，即便是婴儿也会因吼叫的频率和程度而受到影响。

压垮骆驼的最后一根稻草

托妮对卢卡的吼叫产生的焦虑是有道理的。言语虐待，与身体虐待和性虐待一样，可能造成灾难性的后果，往往会给孩子留下终生难愈的创伤。言语虐待会让孩子无法用正确的方式看待自己，会让他觉得自己很糟糕或者一文不值。

俗话"压垮骆驼的最后一根稻草"来源于一则阿拉伯寓言:"一头骆驼驮的货物已经达到它能承受的极限,再多加一根稻草就会把它压垮。"(赫尔特布安,2008,56)同样的情况也会发生在导致吼叫的时候:当压力不断积累,只要再有一点点刺激就会导致一个人的爆发。罗斯·W.格林(2010,91)在《暴躁的孩子》(*The Explosive Child*)一书中说:"与其他形式的不良行为一样,爆炸性爆发往往是因为对一个人认知方面的要求超过了他做出正常反应的能力。"

卢卡的稻草

我们来想想卢卡的吼叫,以及怎样的家庭压力可能将他推到崩溃的边缘。托尼和卢卡从来没有打算要两个孩子。当托妮发现她怀了尼基时,关于再要一个孩子对全家意味着什么,他们经历了漫长而艰难的思考。最终,尽管自己的生意正在下滑,卢卡还是支持了托妮的决定,让她在42岁时又生了一个孩子。对于如何支撑这个家,卢卡十分担心。而且,新来的小宝宝带来的问题远比他们预计的要艰难得多。

尼基出生后,卢卡工作的时间更长,他和托妮在一起的时间则更少。因为各种复杂的健康因素,托妮还不能马上上班,所以平衡家里的开支就很困难。托妮的大部分时间都用来照顾尼基以及自己休息。曼戈爱她的小妹妹,但是她常常感觉得不到妈妈的关注。曼戈变得越来越爱争吵,越来越粗鲁,这一部分是因为她再也没有和妈妈独处的时间,而爸爸又那么不愿意和别人在一起。

曼戈也开始讨厌妈妈去看医生或者购物时要求她照看小宝宝。卢卡疲惫不堪,又觉得自己努力工作还得不到认可。曼戈与托妮之间越来越多的争吵很容易惹恼他。他觉得自己背负着全家人的责任,理应在家里得到一个平静安宁的空间。他不想对妻子发脾气,所以就把情绪发泄在女儿身上，而女儿的个性固执好胜，对爸爸不是服服帖帖，而是反唇相讥。

你的挑战

当某个你爱的人开始出现语言虐待，你的挑战在于如何给这个人以支持，同时又要保护好孩子和自己。不管出于什么原因，这个人现在无法应对周遭环境、他人，或者自身提出的要求。如果家里的某个人怒气频发，你要后退一步，看看这个人身上背负着怎样的重担，然后和他一起谈谈。卢卡和托妮的感情多年来一直很好。如果他们能稍有喘息——有人定期来帮他们带孩子，他们也许就能够改善对待彼此以及孩子的态度。如果他们能为此努力，就能一起度过艰难的时光。

吼叫者的挑战

卢卡的压力和焦虑不能成为他这种虐待性吼叫的借口，但关键是他和托妮都应该认识到，压力是如何导致了他这种不健康的反应。他的内在需要做的功课是明了自己的需求、感受以及想法。

他可以这样做：在听到妻子和女儿争吵时，先做三四个深长缓慢的呼吸，然后采用第六章给出的步骤。这种做法看起来可能没什么大不了的，但是当你意识到自己就快要发火时，有意识地做缓慢、放松的呼吸就能让大脑分泌不同的化学物质。当你停下来呼吸时，你的"战斗或逃跑"的反应机制就能够平静下来。然后你可以开始想想有没有其他不伤害家人的做法。

卢卡，跟许多与他处境相同的人一样，在对家庭的责任和自身健康的需求之间无法找到平衡。很多时候，这些人甚至没有时间来考虑自己可以做出什么改变。或许，对卢卡来说，第一步应该是先请一天假，可以独处，休息，和思考。

寻求帮助

如果你的伴侣或者亲戚完全无法控制自己的吼叫,而且感觉这种行为已经对你和孩子构成虐待,你需要寻求帮助。

在前面的章节中你已经反思过你的吼叫对孩子的影响。现在用一点时间再次感受一下,当孩子承受所爱之人脏水一样泼过来的憎恶言语时,他会是怎样的感受。想象一下这会让孩子多么困惑,会对他的安全感造成多大的伤害。

当孩子沦为你的伴侣或者配偶的吼叫、咒骂和愤怒的受害者,他会非常害怕。如果这种情况已经持续了一段时间,孩子可能已经发展出一套应对的技能,用来管理他不得不控制或者隐藏的情绪。如果你不去关注,这些情绪就会加重,并且以无法预知的方式发泄出来——可能产生的结果包括抑郁、焦虑、饮食紊乱、自我指责、反叛和攻击性。一些在学校本来表现良好的孩子会逃学,或者发生各种状况。还有些孩子会去寻求其他获得安全感的方式,或者寻找其他值得信任的成年人。

如果孩子的生活中另有可以仰仗的成年人,比如老师或者教练,他们之间的关系会在很大程度上决定孩子面对与父母的冲突或者受到虐待时,从伤害中恢复的能力。一些孩子会通过艺术、写作或者表演来表达他们的感受。其他一些健康的行为,比如运动或者照顾动物也能够成为孩子重要的情绪出口。

通过沟通,向家人表达你想要寻求帮助的愿望,这是你迈出的良好的第一步。很有可能,需要通过咨询来帮助家庭成员重新团结,共同面对他们的压力、感受,以及学习新的沟通技巧。参加父母课堂或者读书都会有帮助,但这种帮助往往并不够。一些家长曾经告诉我,除非他们非常坚决地表示自己已经忍无可忍,否则他们的配偶不会愿

喜欢吼叫的大人不妨感受一下,当孩子承受所爱之人脏水一样泼过来的憎恶言语时,他会是怎样的感受。想象一下这会让孩子多么困惑,会对他的安全感造成多大的伤害。

意寻求专业帮助。你不需要去控制别人,但你可以基于自己的价值观和需求来决定自己的行为。

如果你跟一个对你的孩子进行言语虐待的人同住,你可能也已经成为这种粗鲁和令人羞辱的态度的受害者。这种情况必须停止,你必须寻求专业帮助来制订计划,让你和孩子免于未来的虐待。如果你不知道去哪里以及如何寻求帮助,你可以拨打"国家儿童虐待求助热线"(1-800-422-4453),这个热线全天24小时提供专业的危机咨询顾问。如果你的伴侣虐待你,你可以拨打"国家家庭暴力热线"(1-800-799-SAFE)(以上两个电话都是美国的专业热线——译者注)来寻求你所在地区能够提供的建议和支持。如果你不想让事态公开,也可以匿名拨打电话,获得信息或者知道找谁求助。

家里发生虐待的事情,可能会让你感觉十分羞愧,这种羞愧会阻挠你寻求帮助。不要让它阻挠你。不要弱化虐待行为的影响。我们都有可能在某些时候需要帮助。想要改变虐待性管教和攻击行为的负面模式,关键就是要找到能与你的家人共同努力的专业人士——家里每个人都会是受害者。打破虐待的恶性循环对家人的健康和对后代都非常重要。某一个家庭成员、一位朋友,或者宗教领袖也能帮助你找到专业支持,或者以同情的心倾听你的故事。伸出求助之手,你就会发现,自己并不孤单。

值得思考:我正在逐步了解到:我并不需要忍受别人的情绪失控或者充满攻击性的吼叫

当你越来越了解自己的想法、感受和行为,你也将越来越能够理解他人,并且看到别人对你的影响。

你和你的孩子不该成为某人的怒火、伤害行为或者虐待的受害者。直面真相，寻求解决方法，这需要巨大的勇气。但是，想想吧，你这样做能够教给孩子许多令他受益终身的东西。当你停下来，深吸气，深呼气，你就能觉察到已经与自己身体中最强壮、柔软和勇敢的那部分相连接。

给孩子充足的《心理营养》
让孩子的生命尽情绽放!

扫码免费听,20分钟获得该书精华内容。

第 9 章

"生活有那么多难题,我怎么能做到停止吼叫?"

解决困境、混乱与差异

> 我渴望有独处的时间,有哪怕只是一个晚上的好梦,或者,能有一天孩子不淘气——但是平和与安静往往是一闪即逝。
> ——希娜,单身妈妈,她有一个有特殊需求的孩子

与大多数人一样,有时候在生活中你可能会觉得一切都失去了控制,不公平,或者别人要求太高。这种感受可能会持续一天、一周、一个月,甚至一年。有时候病痛、疲惫或者悲伤会让你不想起床,但你仍然尽职尽责。甚至在你恨不得逃离这一切,远远躲起来之时,你仍然对孩子尽心尽责,一刻、一天都不停歇。你不可能总是周到又有耐心,但当你遭遇挑战时,你仍可以重回"停止吼叫"的初心。

做护士的工作经历让我能够理解人们面对的困难和经历的痛苦。作为一个气质咨询师,我得以倾听别人的故事,故事中时有创伤、痛苦与损失,而人们面对逆境时展现出来的勇气和治愈能力也令我印象深刻。我开始能够明白,每家都有自己的难题。有一些难题显而易见,

我和我的两个孩子依偎在我的床上,当我给他们念这个关于一只勇敢、坚韧不拔的鸟儿(《海鸥乔纳森》)的故事时,我也开始明白过来,一切都会好起来的。我学到的另一件事是:将注意力集中在孩子的需求上,也能够让我更好地管理自己的情绪反应。

比如孩子患了重症。有些就不那么明显，比如一个青春期的孩子饮食失调。有些家庭的麻烦多，有些家庭的痛苦少，但我还从未见过谁养育孩子的过程一帆风顺。

身为心理学家和犹太人大屠杀的幸存者，维克多·E.弗兰克尔（2006，112）在《活出生命的意义》（*Man's Searching for Meaning*）一书中写道："面对无法扭转的事态——想一想无法治愈的疾病例如癌症——我们的挑战是改变自己。"本章中会谈到一些特殊的情况，也许你无力改变，但是总要面对。这些情境往往带来很大的压力，很容易触发吼叫。如果你也正面临这样的处境，那么要持续以同情心对待自己，同时回顾你在其他章节学到的东西。想想你的处境对你的吼叫有怎样的影响，你需要怎样做才能重新找回自己的力量和清醒的头脑。日子一天一天过去，无论它带给你什么，你都有明了自己的感受和想法的选择，你都有不对你的孩子吼叫的选择。

面对离婚和分居

> "我知道不应该吼叫，但每次儿子从他爸爸那里回来，就对我很不尊重，我说什么他都不听。我不想让他认为我能忍受他这样的行为。"
>
> ——米拉姆，她有一个 7 岁的儿子拉菲

当父母双方分居或者离婚，全家都需要处理很多困难的情感，比如伤痛、羞愧和愤怒。很多年前，当我和我的第一任丈夫分居，然后离婚时，我常感觉不知所措。我需要支持，但同时我的孩子也需要额外的安抚、关注和宽慰。告诉孩子们他们的爸爸妈妈要分开是我人生中最痛苦的经历。

就算是父母双方都愿意分开,每个人也都还是会承受额外的压力。孩子们需要时间调整——适应新的规则和日程,新的与父母联系的方式,以及适应他们原本认为牢不可破的家庭将要破碎的事实。你的孩子会努力接受新的、不同的情况,但同时也会深深渴望能回到从前。

未曾预料的帮助

与我的第一任丈夫分开后不久,我独自带着两个孩子生活。我那时的情绪就像坐上了过山车——时而因为恐惧、难过和罪恶感而迅速滑落,时而因为卸下包袱、将要开始新生活以及新鲜的自由而冲上高峰。在一个风雨交加的夜晚,我独自在卧室哭泣,这时孩子们进来问我能不能读个故事。我当时完全沉浸在自己的悲伤和恐惧中,于是生硬地说:"对不起,我现在读不了书。去,去玩去,等我准备好再说。"

我4岁的女儿从不肯轻易就被拒绝,她一直求我:"求求你,妈妈,求你,求你现在就给我们读个故事吧。"当我正要提高嗓音,冲她大吼,让她别再烦我,让我静静,我低头看到了儿子的眼神,也看到了他挑出来想让我读的书。当我看到这本书是理查德·巴赫的《海鸥乔纳森》时,我知道我应该放下自己的情绪,满足他们的要求。

我们依偎在我的床上,当我给他们念这个关于一只勇敢、坚韧不拔的鸟儿的故事时,我也开始明白过来,一切都会好起来的。我学到的另一件事是:将注意力集中在孩子的需求上,也能够让我更好地管理自己的情绪反应。

减少吼叫的方法

当你在离婚或者分居的情况下努力减少吼叫时,前面章节讨论的内容都会有帮助。下面提供的这些建议是专门针对你正在或者将来要面对的挑战的。

- 做好心理准备。当孩子们要去另一位家长那里,或者从另一位家长那里回来时,他们很有可能会挑战你的规则,或者出现情绪爆发。孩子的行为反映的是他的想法和感受。他们需要时间来适应从一个家到另一个家的变化。

- 在孩子的适应期,你要有切合实际的期望,并且要有耐心。因为孩子的行为带给你的焦虑就冲他吼叫只会拉大你们之间的距离,并且延缓他回家之后与你重新连接的过程。

- 为送孩子离开和迎接他回来建立固定的程序。也许你可以为小一些的孩子买个专门的背包或者拉杆箱。帮孩子收拾行李也可以是固定程序的一部分。如果你的孩子已经十几岁了,那么他回到家时,你只需要给他一个拥抱,然后要给他一些空间,让他能够与自己的房间、朋友或者宠物重新连接。

- 保持联系。孩子不在你身边时,你们可以发短信互道晚安,对于小一些的孩子,你可以在送他去另外一位家长家时给他个小惊喜,或者在他背包里留一封信。你需要做各种尝试,来找到真正能帮助你的孩子适应在两个不同家庭生活的方法。他越有安全感,情绪就越容易平稳,也就越少惹你发火。

- 尽量不要过多询问孩子在另一位家长家的生活。孩子们不愿意被置于那样的境地。如果孩子觉得自己在被审问,他就会怒火上升,更容易有不良行为。

- 如果你猜测或者感到孩子在拒绝你,受伤的情感可能会导致吼叫。如果孩子拒绝你的关注和要求,不要发脾气。给他一些时间和空间,寻找重新连接的方式。

- 不要说另一位家长的坏话。你可能会对另一位家长有负面情绪,但是你的孩子爱你们两个。不要让孩子觉得他必须忠于某一方。

- 设定底线和规矩。如果孩子知道底线在哪里,他就会更有安全感。不要因为大家心情不好就可以不遵守规矩。比如,如果你儿子在吃饭的时候给朋友发短信,你要告诉他,在你的家里,吃饭的时候是不可以用手机的。如果他抱怨说妈妈就允许他这样做,你可以这样说:"我和你妈妈有不同的规矩。你来我这里的时候,餐桌上是不可以看手机的。我们可以聊聊你之前看的那本书。"有时候,为了适应新的情况,你会改变一些规矩,但是如果你在底线上过于放松,你的孩子就会进一步挑战你。如果你和另一位家长能够对规则和底线达成一致,一切就会容易得多。不过,这往往不太可能。

- 如果另外一位家长不能或者不愿意陪孩子,可以请家人、朋友或者保姆来帮助你减轻压力。如果你照顾不到自己的需求,你就更容易吼叫。要为你的情绪找到一个健康的出口。

- 留意你自己的过激反应。孩子可能会让你想起离开的伴侣。当你看到孩子与他（她）的相似之处时，提醒自己他们也有不同，这样你就不会把情绪发泄在孩子身上。例如一位父亲曾对我说："我知道我女儿的吵闹是正常的，但另一方面，我的前妻也这样吵闹就不是一个成年人应该有的表现。她们俩都快把我逼疯了。我得努力保持平静，提醒自己不要认为女儿长大后会和她妈妈一样。"

有些父母说，当终于结束一段早该结束的关系后，他们吼叫的频率就会降低。塔米，一位有一个12岁男孩的单身妈妈告诉我："当我和我的伴侣分居之后，我确实发现自己发火的时候少了。当他搬出去之后，我才意识到，之前对我儿子的吼叫很多时候其实是为了发泄我对伴侣的愤怒。结束这段关系之后，我发现我的情绪更平稳，也更有耐心。"塔米还注意到，她的前伴侣负责照顾儿子对她平复情绪也很有帮助，她就像放了个假。她可以多睡会儿，收拾收拾屋子，做完该做的工作。独处的时间里，她变得更专注和放松。

继续为减少吼叫而努力

在美国，大约有一半的婚姻以离婚告终。从一段不再适合你的关系中离开、疗愈、恢复，在这段旅程中，你并不孤单。如果你的吼叫因此升级，是可以理解的。原谅自己，继续尝试使用本书提供的方法。你要知道，对大多数人来说，时间也是一剂良药。

关于离婚或者分居对你和孩子的影响，要说的内容太多。关于离婚的话题，有很多好书可以参考，我在附录中列出了一些你可能会愿意读的书目。

不要忘记告诉孩子离婚不是他的错。孩子往往会觉得是因为他做错了什么而导致你们分手，所以他需要听你说（反复说）这是大人们自己的问题，不是他的问题。倾听他的担心，给他更多的爱和关心。

单亲家庭的挑战

黛安主动选择了做单身妈妈。她告诉我她正在为自己越来越多的吼叫而担心。"当我有室友的时候，我的吼叫就明显减少。因为我的情绪有了出口，不再发作在儿子身上，我会更有耐心。"她很清楚自己脾气的触发器是什么，但是她发现如果家里就只有她一个成年人，她就很难控制自己的焦虑和愤怒。

有的单亲父母是主动选择在没有配偶或者重要伴侣的情况下独自抚养孩子。尽管这是个清醒的决定，但他们仍然要面对与其他单亲父母同样的挑战。

对大多数人来说，做单亲父母并不是一个理想的处境，往往伴随着分离、伴侣去世、意外怀孕等问题带来的损失与伤痛。有些单身父母之后会找到新的伴侣，有些则始终独立承担养育的责任。我们要意识到非常重要的一点：在养育一个健康快乐的孩子的过程中，单亲父母的工作也极为出色。

一位叫凯瑟琳的单亲妈妈告诉我："独自养育一个小婴儿和一个2岁孩子的时候，我觉得压力非常大，睡眠严重不足。我自己编了一段话，在我快要控制不住，就要大吼大叫的时候念给自己听：'他们是无辜的；孩子们是无辜的；我比他们强大；我比他们更有控制力；为了他们，我得保持平静和清醒的状态；他们是无辜的。'这样做很有用。在身体和情绪都十分紧张、脆弱的时候，我需要提醒自己：我更强大，我是保护者。与这样的信息连接，常常令我怒火熄灭，流下泪来。"

有些情况下，你会更容易吼叫

以下是你作为单身父母可能遭遇的情况，我也提供了可供采用的解决方法。

挑战： 当压力增加，你找不到人可以倾诉和商量。

试试这样做： 不要发火，走出房间——给自己一个"暂停"的时间。听点音乐，深呼吸。

挑战： 你并不确定该设定怎样的规矩和限制，以及该让孩子承担什么后果。

试试这样做： 与其他有同龄孩子的家长交换信息。通过开家庭会议来让大家明白期望和需求。

挑战： 你女儿在完成作业上遇到困难，过去学习问题都是你以前的伴侣在帮她。你毫无准备，每次她来找你帮忙时你就很容易生气。

试试这样做： 注意到这种情况会将你置于自己的安全区之外。考虑找个家教或者请朋友来帮忙。

挑战： 你的孩子常常争吵，兄弟姐妹很容易变成彼此愤怒和负面情绪的攻击对象。

试试这样做： 安排和每个孩子单独相处的时间。倾听孩子的感受，但不要有什么压力。评估是否需要为孩子找一个可以咨询或倾诉的人，尤其是当针对某个孩子的攻击行为增加时。

挑战： 你与别人有法律上的纠纷。说到或者听到那些让你发火的事时，你容易控制不住情绪。

试试这样做： 确定孩子们不在场的时候再打电话。孩子们的耳朵都很灵，要确保不让他们听到不该听到的事，否则只会给他们已经不堪重负的内心增加恐惧和困惑。

我能回忆起来的单亲父母唯一的好处就是我不用在如何管教、几点睡觉、周末去哪里玩这些问题上征得什么人的同意。但另一方面，当我一个人时，我更容易吼叫。所以我认为找朋友同住对我和孩子都有好处。

在我分居继而离婚之后，我对自己的认识更为全面。我面对过独处时深深的恐惧，我也发现和积累了可依靠的力量与能力。我开始明白，独处和孤独不一样。我学会了依靠别人帮我养育孩子。你要知道什么是对你和你的孩子最好的方式，努力重整你的人生，获取你需要的帮助。

迪诺是一位单身父亲，他有几个十来岁的女儿。他告诉我："对于一个单身父亲来说，与其他父母保持联系成为我卸掉压力、找到乐趣的关键，并且让我不会感觉那么孤单。我对如何养育我的女儿们非常没有把握。我常常为了要让她们远离危险和穿着得体这些事情冲她们吼叫。有时候，我简直想把她们锁在一座城堡里，扔掉钥匙，等到她们准备好结婚时再放她们出来。"

如果你独自带孩子居住，可以请朋友帮你解决问题，或者暂时替你一下，让你有一些自己的时间。在你居住地附近的社区或者教堂找找有没有单亲父母的组织或者聚会。这样可以找到能明白你的处境的朋友。同时，你也能将自己学到的基础生存技能教给别的单亲父母。

养父母或者负责照顾孩子的亲戚的艰难工作

在孩子无法与亲生父母一起生活的情况下，养父母或者亲戚为他们提供了安全的家庭环境。我遇见过许多人，他们在几乎得不到什么承认或者物质上的任何好处的情况下，全心为别人的孩子提供帮助。在家庭出现严重问题，比如虐待儿童、忽视、监禁、吸毒、家庭暴力、贫困、疾病、死亡、青少年怀孕或者其他未能预料的状况时，领养家庭或者亲戚助养就很有必要。有的养父母拥有丰富的经验、支持和培训经历，但有的却没有。

另一种情况是如果一位亲戚认为孩子跟他在一起比加入领养程序会更好，那么他会承担照顾孩子的责任。一位阿姨、兄长或者祖父母，尽管他们自己或许身体并不好，或者收入不高，但仍然会愿意帮孩子脱离某种糟糕的情境。

照顾别人的孩子永远是一种复杂的经历，也常常是慈悲之举。有时候你只是为孩子提供了一个临时的地方，有时候，这个地方会变成永远的家。

在一次为亲属领养的家庭专门举办的培训班上，一位祖母对我说："我付出了很多，但是我的孙女完全不在乎我。她为什么就不能听话点呢？"另一位领养的家长告诉我："在青少年管教所待了几天之后，他感受到了那里有多糟糕，于是开始有所转变。他说，'妈妈，我想活着。'我曾经常常生气和害怕，但现在我为他骄傲，也很高兴自己从未放弃。"

如果你也身处同样的情况，有复杂的情绪是很正常的。一方面你愿意为孩子付出，另一方面当你不得不因为要照顾孩子而延迟自己的计划，你又会感到生气和怨恨。由于周围的人和你自加的压力，你可能会更频繁地吼叫。如果不清楚地了解自己的各种感受和想法，当受到孩子的挑战时，你就更容易不堪重负，连吼带叫。

制订规矩

被领养或者借住在亲戚家的孩子往往是受过创伤的。受创伤的孩子经常会做出一些触怒养父母或者照看者的行为。即使是在不听话的情况下，这些孩子也会通过一些举动来测试养父母或者照看者能否接受他们，这很正常。创伤会破坏信任，一个受过伤害的孩子不信任成年人，这是可以理解的。孩子需要时间、持续稳定的规则、善意与连接来重新找回信任。

以养父母或者照看者的身份来制订规矩，需要通过深思熟虑和练习才能够建立尊重和信任。你应该已经从领养培训中学到，不可以使用体罚或者其他严酷的处罚。如果你曾经使用严酷的处罚来管教你亲生的孩子，那么你现在的任务之一就是要学习新的管教方式。也正因为不允许使用体罚，吼叫往往会成为管教孩子的缺省方式。大声吼叫会吓坏孩子，让他们感到羞辱、退缩，或者引发攻击性行为。吼叫还将导致你的血压升高，在影响孩子健康的同时也影响你的健康。

我在附录部分也列举了一些书。除了前面章节学习到的方法之外，这些书可以帮助你找到更多积极的管教方式。你可以尝试不同的方法，直到找到适合自己的。

减少吼叫小提示

- 充足睡眠，定期体检，健康饮食，找时间锻炼。
- 找到你也喜欢的可以和孩子一起做的事，安排你们俩独处的时间。

- 如果孩子的行为让你感到困惑，跟朋友、亲戚或者专业人士聊聊。你照看的这个孩子正在努力搞明白过去发生了什么，当下会发生什么以及未来有什么期待。
- 认识到自己的局限，保持合理的期待。找时间为自己充电。
- 提前计划。为各种预约的事情、作业、家务、洗澡、吃饭和杂事确定优先级，这样才不会把自己弄得疲惫不堪。
- 留意那些让你心怀感激的小事，认识到你和孩子正在取得的进步。

照顾一个受过创伤或者重大损失的孩子永远都充满挑战。你需要寻求帮助。可以找当地的社会服务机构或者专业医疗机构获取更多资源。如果你不知道能找谁帮忙，可以拨打国家父母求助热线：855-4APARENT（855-427-2736）

养育有残疾、发育迟缓的孩子或者特殊儿童

如果你的孩子有某种问题，比如抑郁、多动症、语言发育迟缓、特殊的学习方式，或者某种残疾比如孤独症，你就很容易感觉孤立无援，压力上升，控制不住情绪，羞耻感增加。孩子的这些特殊状况可能程度不同，其严重性也会因为找到有效的治疗方法或者生活方式的改变而变化。

羞耻带来的压力

在理解和接纳由基因组成、环境因素、大脑功能以及人与人的

互动方式导致的各种复杂行为方面，我们的社会还有一条漫长的路要走。在《耻辱的印记》(*The Mark of Shame*) 一书中，史蒂芬·欣肖（2007，242）认为精神疾病和紊乱最容易遭到羞辱。"虽然其他类型的问题也会遭遇不被接纳的问题，但是严重的精神疾病被羞辱的情况最多。比如患多动症、严重孤独症和学习障碍的孩子的看护人常常会在学校、社会团体或者公众活动上因为孩子的缺陷和他们的养育技巧而被提及，并往往会受到很多指责。"

你很可能会因为其他人对你孩子行为的看法而倍感压力，甚至有时会感到绝望。米娜是一个6岁的孤独症孩子的妈妈，有一天在我的办公室里抽泣不已。她的儿子刚刚在儿科诊所的大厅里大发脾气。这一天过得漫长而艰难，当护士想让他站到体重秤上量体重时，他没有控制住自己的情绪。他开始大声嚷嚷，又踢又打，然后跑出了诊所。米娜一边哭一边说："我受不了当我儿子失去控制时旁人的眼神。他们的表情似乎在说，我是个坏妈妈，如果我冲他吼叫，或者打他屁股，他可能就会听话。他们的眼神里充满蔑视。每当发生这样的事情，我真想冲他尖叫，然后求他能举止正常一些！"这位对孩子尽心尽力的妈妈已经崩溃了。

你的孩子的行为可能令人尴尬和费解。你的孩子可能比别的孩子需要更多的时间和更多的关注。有时候你也许感觉自己已经到了极限。但是，因为你正在读这本书，我知道你其实非常愿意为孩子提供指导，给他们爱和希望。

学习障碍和学习差异

如果一个孩子有学习障碍，或者学习方式与班里的其他孩子有差异，老师和家长可能会感到焦虑。而如果孩子的学习困难没有被识别和理解，大人的焦虑就会更加严重。

学习障碍并不是养育方式不恰当或者教育方法不够好造成的。《诺洛的个别化教育指南：学习障碍》（*Nolo's IEP Guide: Learning Disabilities*）一书中说："学习障碍指的是对想法和信息的接收、处理、理解和表达有困难，这种困难会反映在阅读、计算、拼写、写作、语言的理解或表达、协调能力、自制能力以及/或者社交能力的发展方面"（赛吉尔，2003，3/2）。要解释清楚学习障碍和学习差异之间的区别是很困难的，因为这种区别因人而异。判定一个人是学习障碍还是学习差异往往要根据其优先性、受损伤的程度，或者是否需要靠诊断来获得特殊的教育服务等因素来决定。

与其他许多有学习困难问题的孩子的家长一样，米莉常常在孩子做家庭作业的时候发脾气。虽然她知道自己9岁的女儿金姆已经努力在学，她还是很焦虑。"当我已经把同一件事情反反复复通过各种方式解释过，但我女儿还是要么一直问同样的问题，要么干脆走神，这时候，我就会发火。"

米莉希望能够减少吼叫，因此她努力为金姆寻求帮助。过去这些年，她朝女儿吼叫是因为不明白为什么自己的孩子不能够像别的同龄孩子一样完成作业。发现和了解金姆的学习障碍对她来说很有帮助。最近，她向学校申请新的"个别教育计划"（IEP），将与相关团队见面，探索如何为金姆的教育方法做出调整以及为她提供额外的指导。老师会告诉米莉完成家庭作业需要多长时间，以及当金姆无法理解某些概念时该怎么办。

米莉努力帮助女儿，同时尽量不发脾气。不过，在一天结束的时候，她还是会感觉精疲力竭。她向金姆提议了一个新的日程安排——吃完晚饭，趁大家还没有感觉疲惫和开始抱怨时，就先做作业。因为金姆有学习障碍和不能集中注意力的问题，所以需要妈妈陪在身边，在她开始做作业的时候帮助她，让她保持专注，并且回答她的一大堆问题。

你的孩子有可能是智力水平中等甚至中等偏上,但在学习某些学科时会遇到困难。如果孩子有学习障碍,你可能要等到他上了学,开始学习读写的时候才会意识到这个问题。如果你看到孩子因为某些学科或者某个任务而焦虑,要跟他的老师谈谈,以了解更多情况。要尽早对孩子的情况做出评估。你对孩子的学习情况了解得越多,你就越能够给他支持,同时减少自己的吼叫。

想想隐藏在吼叫下面的你的真实感受是什么。继续留意你的情绪触发器,并且追踪它们,看看它们是否与你曾经的上学经历有联系。你那时学习也很艰难吗?周围的人曾经对你感到失望吗?或者你是否担心孩子不能像你当年一样做一个全优生?

要对孩子在学校或者做作业时面对的挑战保持开放的心态。孩子们的聪明才智会表现在不同的地方,我们每个人也都各有短长。多看看孩子表现出色的地方。要协同孩子的老师和你的家人一起为孩子加油。

帮助孩子,同时减少吼叫的方法

- 带着好奇心,参与到孩子的学习过程中。
- 重点在于帮助孩子对自己的状态和智慧抱有信心。要对他的努力给予积极的反馈,而不要只关注结果。
- 提前计划。耐心练习。减少分散注意力的因素。关掉电话和电视。
- 在开始学习之前要求孩子先准备好各种需要的用品和书。
- 以轻松的状态结束作业。不要延时。

第9章 "生活有那么多难题，我怎么能做到停止吼叫？"

发展障碍或发育失调

如果你的孩子有发育迟缓的问题，你需要通过专业帮助来为他提供相应的服务，同时帮助你了解这种迟缓意味着什么。与本章节提到的其他特殊状况一样，你的孩子可能会经历过这样或者那样的损伤。你是否会吼叫，以及你的应对能力如何可能取决于孩子能力缺失或者受损的严重程度，以及你能够获得的帮助。能力缺失的孩子也有自己的长处和力量。他们的力量越得到认可和鼓励，他们就越有可能成功和快乐。

许多年前，我为一个叫马克斯的男孩作过气质评估。他因为反应过度和有攻击性行为被幼儿园要求退学。我至今还对他的妈妈萝比印象深刻。这一部分是因为她非常坦诚地表达了自己面对儿子带来的挑战时的感受。她又担心又困惑，还会被他的行为触发而发火。老师们不理解马克斯的状况，也不支持萝比。他们暗示也许是家里出了什么问题才导致马克斯如此难以自控。他们想要阻止打斗和情绪失控，当他们做不到时，就要求马克斯离开学校。

我鼓励萝比去寻找规模小一些，刺激少一些，有教职员工能为她提供支持的儿童机构。我还建议让马克斯接受评估，以判断他是否存在发育迟缓或者发育障碍。有时候孩子出现问题仅仅是因为学校的某种设置对他来说不合适，换到新的环境就好了。不幸的是，马克斯的情况没那么简单。

他极度敏感，对冲动的控制力很弱，又很难与其他孩子交流，这些情况叠加在一起，就让他的生活亮起了红灯。萝比内心明白马克斯有什么地方不对劲，同意让他做评估。拿到诊断结果时，虽然她和丈夫知道儿子的问题他们无力扭转，并为此十分难过，但他们也因为确认了这个结果而松了一口气。马克斯开始接受针对性的专业帮助。萝比因为得到了支持并且对马克斯的需求有了更多了解，也就不再天天发脾气了。她加入了一个支持小组，在那里她能够与一些确实了解她和她儿子处境的家长交流。

我和萝比保持着联系。多年之后，听说马克斯在学校表现良好，我真激动。

注意力缺失／多动症

在恺撒医疗机构工作时，我曾为一些家长上过课，他们的孩子被评估为注意力不足型多动症（ADHD）。

有些家长上完我的第一堂课时，感觉十分难过，因为他们曾经以为孩子"淘气"而对他们过于苛刻。他们开始了解到，一个冲动、不能集中注意力，或者多动的孩子很难控制自己的注意力和行为。比如，他也许想要排队，等着轮到自己，但是他的冲动不允许他这样做，所以他会推开前面的孩子。他还没有学会如何为自己刹车。

家长们告诉我，他们也知道从长远来说，吼叫会伤害孩子，但当下吼叫似乎是唯一能够让孩子集中注意力的方法。了解到他们的孩子也许并不具备自控和专注的能力，对这些家长来说意义重大。

伯尔不能明白为什么他的继女茉莉明明答应了要做什么事，却又偏偏不做。她的二年级老师抱怨说茉莉会在上课的时候走出教室，明显是沉浸在自己的世界里。她还常常忘记交作业，导致自己的分数一再下降。伯尔自己已经养育过两个孩子，他们都很听话。茉莉让他很焦虑，动不动就发脾气。当儿科医生建议他来听我的关于 ADHD 的课时，伯尔非常惊讶。

他一来就对我说："我女儿不是多动，她就是不听我的话。这是我不能接受的。她得学会把我的话当回事。"几周之后，他开始明白，

第9章 "生活有那么多难题,我怎么能做到停止吼叫?"

女儿的情况可能是"疏忽型"多动症。这种类型多动症的孩子往往会做白日梦,忘记交作业,并且常常拖延。他们往往能够安静地坐着,更愿意坐在教室后面,不会惹麻烦。从老师和家长反映的情况看,茉莉就是这样。她还接受了其他的评估和测试,以排除学习障碍和神经发育失调的可能性。

在接受了一些培训之后,伯尔开始调整自己的期望值,并且采取一些简单的策略。

- 当他想让她做什么事的时候,他不再从另一房间里朝她大喊。
- 他一次只给她一个指令,在确认她完成之后才要求她做下一件事。
- 他们为晚上的时间做了安排,如果她按时完成了所有作业,他们就一起读她最喜欢的书。
- 伯尔找了老师,把茉莉的座位从教室后面调到前面。老师还采取了其他一些帮她集中注意力的方法,比如用彩色笔做标记,让她多参与讨论等。

因为意识到吼叫没有用,伯尔愿意尝试不同的管教方式,他开始明白茉莉也想把事情做好,并且她很感激爸爸的帮助。他也更加关注她的特长。在她能够按时交作业之后,他给她报了个吉他班。

要想减少因为孩子的注意力不集中和自控能力差而导致的焦躁,你要做的第一件事是接受有关 ADHD 的教育。药物只是其中一种可能的治疗方法,很多家长会在决定采用药物治疗之前先尝试用其他方式来帮助孩子。目前为止,还无法通过扫描或者验血来确诊 ADHD,所以你需要找到有经验的专业人士,花足够的时间来对你的孩子进行评估,这需要了解孩子的过往和老师的观察结果。

我班里的一些家长承认他们自己也有冲动和注意力不集中的问题，这些问题增加了家里的吼叫和混乱。许多家长从未得到过他们需要的帮助，是孩子的挣扎让他们有动力为全家人寻求帮助。

情绪失调和精神疾病

家长们往往对孩子的内心世界以及他们因此面临的挑战知之甚少。孩子因为抑郁而不愿起床，家长可能会以为他懒，如果他常常哭泣，家长可能会认为他只是情绪化。当一个10岁的孩子说他不想去上学，因为他非常害怕考试，肯定会在教室里晕倒，家长会认为他在编故事。吼叫并不能减少他内心受到的损伤和恐惧。他的父母无法理解他内心的焦虑。

因为气质的差异，环境的变化以及发育阶段的不同，你的孩子的各种各样的行为可能在广义上都是正常的。然而，有时候他的行为表明他需要你的特别关注。对一个有厌食症的青少年嚷嚷"快把饭吃掉"是毫无意义的。一个孩子每天早晨都必须要把他的玩具火车排成固定的顺序才肯去上幼儿园，他不会因为你生气和吼叫就能扭转自己的这种强迫性习惯。

诸如精神分裂和躁郁症这样的神经失调，或者糖尿病、严重哮喘这样的慢性病都需要你额外付出特别多的心力。要继续锻炼你在面对情感风暴时保持平静的能力。继续寻求专业帮助和朋友的支持，要有人可以听你倾诉和陪你哭泣。

如果你经常吼叫并且为你的孩子的行为感到十分困惑，这就意味着你需要通过另一个角度来帮你找到问题所在和寻求解决办法。

寻求专业帮助

如果可能,最好在事情已经发展到很困难的程度之前,尽早寻求专业帮助。即便你的文化传统可能是希望家丑不外扬,但是需要帮助并不是什么羞耻的事。关键是要记住,每个家庭都难免要经历艰难时刻。如果你的孩子受了伤,你会毫不迟疑地带他去看医生。当涉及认知和精神健康问题时,对于孩子到底需要什么会有很多选择和困惑。有时候,人们是因为不知道该去哪里寻求帮助而犹豫。

从你信任的人开始

我常常建议家长先找自己孩子的儿科医生或者他们的家庭医生咨询。先安排一个检查,排除身体上的问题。老师认为总是坐立不安、不能集中注意力的孩子有可能只是需要配副眼镜。服用太多哮喘药的孩子可能会焦躁,表现得多动。

检查之后,安排时间与医生通过电话或者当面进行一次私下谈话。告诉他你的担心,听听他有何建议,问问他能给你推荐什么人以及推荐的原因。如果你找不到一个对学习问题和情绪问题比较敏感的医生,那么就得去别的地方找找。我遇见过非常棒的儿科医生,能处理孩子们各种复杂的状况,但也有些医生对你的担心毫不在意。不要因为他们的态度而放弃。如果你直觉觉得有什么不对,那就相信自己,去寻找一位愿意听你说话的专业人士。

你要对不同类型的治疗方法作调查研究,请专业人士为你解释他所推荐的方法的利弊。

如果你的孩子有学习方面的问题,先从孩子的老师那里了解足够的信息。学校也许会告诉你等待做学习障碍评估的人非常多,要排长队,但你不要放弃。把你对评估的要求写下来(日期特别重要),在你的社区找到相关的宣传组织，请他们帮你了解要经过怎样的程序才能获得评估。有一些很有帮助的书也许能够指导你完成整个申请流程。也有些家长会找私人执业的心理医生去做评估。这样通常很贵，但是如果能够负担得起，这会是一个比依靠学校快得多的方法。不过你要首先确定，如果需要提供特殊教育服务，学校会接受来自私人心理医生的报告。这个话题过于复杂和宽泛，此处无法详细叙述，你需要找一个熟悉相关法律的人来给你指导。

你可能需要不止一位专业人士来帮助你的孩子。属于自闭症谱系障碍〔自闭症谱系障碍指广泛意义上的自闭症。提出自闭症谱系障碍的概念，主要根据是在临床上逐渐发现，很多患者未必像典型自闭症那样，在社交、语言、刻板行为三个方面都有明显的缺损（比如未必有刻板的行为），够不上典型自闭症的诊断标准，但是在社会性和交流能力方面还是有比较明显的缺陷，难以用一个特定的"标签"来命名，所以引入"自闭症谱系障碍"这个概念，把自闭的相关行为表现看成是一个谱系，程度由低到高，低端的就是"典型自闭症"，高端的就逐渐接近普通人群。——译者注〕的孩子可能需要职能治疗师（又译为职业治疗师。职能治疗师透过有目的的活动来治疗、协助及维持患者生理上、心理上的健康；或减轻及舒缓患者在发展障碍或社会功能上的障碍对他们的影响，使他们能获得最大的生活独立性。——译者注）来进行治疗。语言发育迟缓的孩子可能需要语言方面的病理学家的帮助。心理学家或者儿科行为学家可以诊断诸如 ADHD、焦虑以及抑郁这类症状。有执业许可的社工或者婚姻家庭治疗师可以进行青少年躁郁症的集体治疗，或者通过游戏疗法帮助失去亲人的儿童。如果治疗需要，儿科医生或者儿童心理学家可以开出药物处方。护士或者健康教育专家可以开班教授正念或者育儿技巧，学习方面的专家可以给孩子当家庭教师。也有些家长求助于辅助疗法，比如针灸师或者学习过草药和家庭疗法的医生。

你可以通过亲戚朋友或者其他可靠的资源推荐的网站和书籍了解各种治疗方案。不要忘记孩子的特殊性，要记得适合一个人的方法未必适合另一个人。对专业人士，要了解对方有多少经验。如果你只能负担得起费用较低的治疗方法，就是在诊所或者从实习医生那里接受治疗，那么要了解负责指导实习医生的人的背景。要了解你能在治疗中参与多少，因为你也需要学习新的方法，以更好地帮助孩子。

如果这位专业人士不尊重你，强迫你做你感觉不舒服的事情，或者回避你的疑问，那么，赶快换一个人。你的角色非常重要。你可以带一个朋友或者亲戚陪你去参加学校的会议，给你支持，而且，有问题一定要问。不仅要询问孩子的困难，也要了解他的力量所在。

许多保险能够承担的方式都是基于某种医疗方面的治疗行为，或者存在某种能够从医学上做出诊断的症状。要确保你找到的专业人士能够对孩子的过往历史有充分了解，这样他才能够全面理解造成孩子目前状况的各种因素。了解到最爱的一只狗几个月前死了，也许是理解孩子现在悲伤的重要因素。你的孩子感受到的可能是悲痛，而不是医学定义上的抑郁症状。

在情况变得艰难的时候寻求帮助对你减少吼叫至关重要。获得更多信息，对孩子的状况更加了解，都会让你找到新的方法帮助孩子。你得到的支持也能够帮助你缓解孤独感，减轻你的负担。

不过，不要让寻求治疗方法的过程占用太多你与孩子相处的时间。你的爱是任何专业人士都无法提供的良药。

值得思考：吼叫并不能改善困境

要是我们能够保护孩子和我们自己免于所有的伤痛就好了！但是我们不能。我们能做的是尽力控制好困难的局面，不要让自己失去平衡。吼叫毫无用处，只会让你感觉更糟。

身为父母，我们都会犯错，都曾经错失那些能治愈我们的蛛丝马迹。孩子长大之后我们回头再看，都会意识到有些事如果重新来过，我们会有不同的做法——如果我们能够更有觉知，有更多知识，更有勇气或者更多善意。原谅自己曾经犯过的错，现在尽你所能让困难局面稍有好转。每天花几分钟想想你觉得感激的事情。这样做能帮你找回因为困难而失控的自我。

后 记

世界和平始于家庭

想象这样一个世界：

- 没有战争；
- 人们通过沟通解决分歧，达成对大家都有利的共识；
- 没有饥饿，没有人流离失所；
- 有免费的育儿中心，它的员工都充满爱心，并且享受优厚的待遇；
- 学校的核心教学中包含善良、慷慨、同理心、社区服务、气候与健康这样的课程；
- 学校重视孩子对音乐、艺术、舞蹈和探索的爱好；
- 所有的社区都可以让孩子在户外安全玩耍，不用担心暴力；
- 孩子小的时候，社区就为父母提供帮助，让他们可以与孩子连接；
- 每个社区都有自己的花园；
- 所有的孩子都快乐、健康、乐于合作。

很多年前，在面对"如何能拥有一个更和平的世界"这个问题时，我想到了"世界和平始于家庭"这句话。我想象着，如果每个人都能把自己为人父母的角色看作是世界和平这块大拼图的一部分时，会是一副怎样的图景。

通常，我对生活的态度是乐观的。我可以屏蔽坏消息，专注于美好的事情。但也不是没有例外。有时候，一丝无助的感觉会渗入我平日里的积极态度。为了帮助自己调整情绪状态，我会这样建议自己（我也会给你同样的建议）："做你能做的……从小事开始……别担心……要有信念……练习宽容……笑……去爱……从自己开始。"用这种方式，我提醒自己将注意力转回到能掌控的事情上。

最近我注意到，还有很多事情会让我充满希望：当我遇到正在努力了解自己和理解孩子的家长时，当我为热爱工作并且愿意学习更多的育儿工作者上课时，当我看到爸爸妈妈和他们的孩子一起欢笑和玩耍时，当我看到我的已经成年的孩子在为让他们的世界变得更好而努力工作时。

当我们尽量以善意和尊重对待我们的孩子，对待身边人，对待我们自己——甚至是自己的不完美时，会产生连锁效应。在我们身上，孩子身上，以及每日与我们打交道的人身上都会产生变化。当我们以勇气和诚实治愈了自己的伤口，我们拥有的能力不仅对自己，对他人也有好处。一个人——比如我和你——能对周遭的暴力、贪婪、痛苦和缺乏同情心的状况产生很大影响。随着越来越多的家长以身作则，为有尊重的沟通和同理心做出示范，我们的下一代就有更好的机会创造一个更加和平的世界。

每天都想想下面这些问题：

- 我今天的什么收获能对我的生活产生影响？
- 我能从孩子身上学到什么？他们能从我身上学到什么？
- 我应该如何向别人传递爱、安慰或者平和？

后 记　世界和平始于家庭

找到这些问题的答案也会为你带来愉悦。

※ ※ ※

谢谢你阅读这本书。请告诉我这本书中的哪些部分对你有意义，以及你还有什么问题。你可以通过网站 www.nurserona.com 联系我。

祝你平安、健康、愉快，愿你成功达成"减少吼叫"的心愿。

感谢所有的父母。

致　谢

每次阅读这本书的原稿时，我都会再一次想起那些在我的课堂上，在他们自己的家里，通过我的广播节目，或者在街上遇见我的时候，与我分享他们故事的父母。（为了保护他们的隐私，我改变了他们的名字和可能透露身份的信息。）我如今的想法和认识，受到过许多专业人士、朋友和家人的影响，因为他们，我才能够写成这本书。谢谢！

我想向我的"减少吼叫（吼叫）"讨论小组的成员：塞夫朗（Sevran）、妮娜（Nina）、朗达（Rhonda）、达琳（Darlene）、基尔（Jill）、塔玛拉（Tamara）和克里斯滕（Kristen）表达衷心的感谢，他们在我工作的早期给了我非常有价值的帮助。

我永远感激我的丈夫米克（Mick）。他用幽默、鼓励、有见地的修改意见、替我按摩脚，还有一份只要我需要他随时付出的心愿，帮助我完成了这份人生最有挑战的工作。

我有幸遇见纳奥米·卢卡斯（Naomi Lucks），作为写作教练，她陪伴我从提交方案到写完全书的整个过程。我还要感谢另一位教练，卡罗琳·福斯特（Carolyn Foster），她帮助我找到了这本书的重点。

20年前，我很幸运地遇见了马修·麦凯博士（Matthew McKay, PhD），他同时也是一位作家、心理学家和"新先驱出版机构"（New

Harbinger Publications）的联合创始人。这本书中的很多概念我都是从他那里学到的。我还要谢谢"新先驱出版机构"的特西亚·哈诺尔（Tesilya Hanauer），谢谢你对这本书的信心。谢谢杰斯·贝比（Jess Beebe）和格瑞特·哈肯森（Gretel Hakanson），谢谢你们的支持和出色的编辑能力。

1991 年，我在恺撒医疗机构里士满医疗中心（Kaiser Permanente, Richmond Medical Center）工作时，我的职业道路有了新的方向。梅尔·伯尔曼医学博士（Mel Burman, MD，我迄今为止遇见的最好的上司）让我参与恺撒气质项目，我在这个项目中认识了詹姆斯·卡梅隆博士（James Cameron, PhD），开始对气质有了了解。詹姆斯一直是我的精神导师。我也因此得以向气质研究领域的先驱史黛拉·切斯医学博士（Stella Chess, MD）和亚历山大·托马斯医学博士（Alexander Thomas, MD）学习。我还要感谢其他从事气质研究的专业人士：大卫·罗森医学博士（David Rosen, MD）、大卫·赖斯博士（David Rice, PhD）、威廉姆·E.卡瑞医学博士（William E. Carey, MD）、西恩·麦克德维特博士（Sean McDevitt, PhD）以及玛丽·希迪·柯尔辛卡（Mary Sheedy Kurcinka）。我感谢简·克里斯托硕士（Jan Kristal, MA）和海伦·内维尔注册护士（Helen Neville, RN），她们和我共同编写了"气质家长培训班指导手册"，这也是恺撒医疗机构与"昂斯预防项目"（Preventive Ounce，一个致力于精神病患预防的非营利机构——译者注）合作的开始。

感谢彼得·B.柯林斯（Peter B. Collins）、希拉里·弗林（Hillary Flynn）、苏珊·林德海姆医学博士（Susan Lindheim, MD），以及其他帮助我完成广播节目"孩子很重要"的人们。谢谢通过电波与我分享故事的上千位嘉宾和打电话来的听众。谢谢穆克斯（Muchos），谢谢莫里索·莫诺兹－基内博士（Marisol Munoz-Kiehñe, PhD），谢谢你

们多年来的各种帮助以及与我共同撰写一个双语的父母专栏。

我深深感激帮助我提升能力的老师们。"知觉能量中心"（Intuitive Energy Center）的创始人费里斯·佩（Phyllis Pay）5年前就对我说，我心中有一本书，正在等待被写出来。多年以来，我们"周二之夜"聚会的女朋友们始终支持着我在自我认知方面的努力。我也十分感谢"神圣之流基金会"（Sacred Stream，一所为人们提供丰富多样的学习机会的学校）的领导者伊萨·古恰尔迪博士（Isa Gucciardi, PhD）。

特别感谢我当下的灵感之源：克里斯蒂·卡特（Christine Carter）、拉尔夫·辛格（Ralph Singer）、汤姆·威尔德林格（Tom Widlinger）、简·坎普（Jan Camp）、巴里·巴坎（Barry Barkan）、莎琳·莱昂（Charlene Leung）、威尔·库特奈（Will Courtenay）、杰森·布兰德（Jason Brand）、米歇尔·拉尔吉（Michelle Larager）、菲尔·卡托尔夫（Phil Catalfo）、罗西·阿伦森（Rosie Aronson）、萨维塔·斯凯（Savita Skye）、马克·弗里德曼（Mark Friedman）、罗西奥·德·马特奥·史密斯（Rocio de Mateo Smith）、卡罗琳·诺斯（Carolyn North）、丽贝卡·伍德·布林（Rebecca Wood Breen）、朱莉·库尔茨（Julie Kurtz）、英提萨·谢里夫（Intisar Shareef），以及豪尔赫·帕蒂达（Jorge Partida）。特别感谢费尔莎·楚施拉格（Felsha Zuschlag），你是照亮这个世界的明灯。

谢谢我的儿媳们，玛莎·罗斯（Marsha Rose）和詹妮弗·雷纳（Jennifer Renner），谢谢你们的爱与幽默。谢谢我的女婿安德鲁·布雷（Andrew Bray），你总是乐意为我提供建议。谢谢我的姐姐玛伊·卡尔弗斯（Maj Kalfus），谢谢我的哥哥巴特·菲德尔（Bart Feder），谢谢你们的创造力和身为父母做出的思考，谢谢你们鼓励我写书。谢谢我亲爱的妈妈弗洛丽（Florrie），你总是坚持"你做得到"的态度，并且充满热情。谢谢我的继父斯坦（Stan），你总是在需要的时候出现。

最后，我要感谢促使这本书开始的人——我的孩子们：卡瑞娜（Carina）、马特（Matt）、玛拉（Mara）和佩（Pay）。在我学习成为一位好妈妈的旅途上，谢谢你们给我动力。我爱你们，也谢谢你们的爱。谢谢我的孙子，大卫（David）和马塞奥（Maceo），谢谢你们提醒我童年有多宝贵。

附录1 冥想

自我同情的冥想

当我在写这本书的时候,我有时会感到自责。这时候我会做这样的冥想。

在一个舒服的地方坐下,可以坐在椅子上或者垫子上,或者躺在地板上。

轻轻闭上你的眼睛。感觉自己的呼吸。留意你的呼吸——吸气,呼气。不必改变呼吸——只要留意到每一次吸气和呼气。开始觉察你的身体,感觉你的身体,从头到脚细细检查,是否有哪个地方感觉紧张——你的脖子、肩膀、下颌,或者你的手。保持你对身体和呼吸的觉察。

现在,想象你将小婴儿时的自己抱在怀中。你曾经也是个天真漂亮的小宝贝。

留意你的身体大小。看看你的手,看看你的脚,看看你的脸,注意你婴儿般的表情。婴儿会毫不犹豫地显露自己的情绪。

你怀中的婴儿看起来是满足?好奇?难过?害怕?快乐?还是昏昏欲睡?花一些时间留意你怀中婴儿的脸。

你可以不加评判地看待你怀中的婴儿吗？可以全然接纳他或她吗？你也许想要轻轻摇晃怀里的宝贝。他或她对你温柔的触摸作何反应？

你也许想要把宝宝贴近你的胸口，温柔地拍拍他或者她。

如果你怀里的宝宝感觉痛苦或者难过，你可以安慰他或她。感觉一下，你是如何照顾你的宝宝的？如果你愿意，你可以将这个宝宝放入你的心中，用爱和光包围着他或她。

感觉你和宝宝是一体的。花一分钟感觉你给予这个宝宝和给予你自己的善意。

如果你愿意，你现在可以想到你养育的孩子，感觉你对他们的爱和善意。他们也曾经是小宝宝——他们柔软纯真，他们来到这个新世界，需要你的照顾。

现在，你可以选择将善意扩大到其他你爱的或者你认识的人身上，或者是正在遭受身体和情感的痛苦的人身上。

要知道你可以在任何时候感受到这种对自己的善意。当你做错事，当你大发脾气，当你对某人感到失望，或者失去了某个亲爱的人，你能够感受到对自己的同情与接纳，就好像你对待一个正在哭泣的婴儿。现在，你可以放弃自责，不再纠结于对错了。

在你准备将注意力从怀里的宝宝转移到自己身上时，如果觉察到任何是否对错的评判，要学会放手。

现在，留意倾听周围的声音。你听见了什么？当你准备好时，慢慢睁开眼睛，注意到你房间里的各种光线、形状和物品。

祝愿你感受到对自己和他人的同情与接纳。希望你的同情心对他人也有所提示。

树的冥想

这个冥想献给我窗外那棵枫香树。

　　准备好之后，找一个地方坐好，可以坐在椅子或者垫子上，如果你愿意，也可以躺着。如果你是坐在椅子上，把双脚放在地上，放松任何会给你束缚的衣服，脊柱挺直，感觉自己在地上的重量。如果你躺着，感觉身体下面的地板、垫子或者床。

　　如果你觉得舒服，闭上眼睛，开始觉察自己的呼吸。留意我们的呼吸——呼气和吸气。有人喜欢用鼻子吸气，然后用嘴呼气。这个随你自己的喜好。你只要留意自己呼吸的自然节奏就好了。呼吸是一个多么美好的礼物，将活力带入你的整个身体。现在，吸气，呼气。现在，什么都别管，只需要留意你的呼吸。如果内心有想法，留意这些想法，不做评判，然后让它们离开。

　　现在我邀请你想象自己是一棵树。你又强壮又美丽。你可能是一棵树干粗壮的大树，枝干伸向天空，也可能是一棵精致的小树，可以轻松地随风摇摆。想象一下你的树叶的形状。它们是像枫叶一样是五角星的形状，还是像棕榈树一样很有力量的样子？

　　感觉你的脚，想象你在地下有强壮的根，为你输送营养。你的根还为你带来稳定和安全感。现在，将注意力带到你的腿，经过你的脚踝，来到小腿，然后是膝盖，大腿。感受你的下腹部，臀部和上腹部。将注意力带到你的身体与椅子或者地板或者床接触的地方。然后关注你的胸，同时继续感知你的呼吸。你的肺在扩张，放松，吸气，呼气。感知你的背。你就像一棵树，枝干强壮，能够承受任何环境。无论是雨雪还是刮风，或者艳阳高照，你的树干总是那么强壮。

现在，将注意力集中到你的肩膀，然后往下来到你的胳膊、双手，以及所有的手指。你的双手就像树枝一样摇摆，活动，伸向空中。

感知你的脖子和下颌，留意是否有感觉紧张的地方。如果有，将你的呼吸带入你的脖颈或者任何身体不舒服的地方。你的呼吸能够为紧张的部位带来一些缓解。感知你的头，脸，头发，想象美丽又强壮的枝条，带着不同颜色和形状的叶子，从你的头伸向天空。这些叶子会随季节变化而更替，树只要得到阳光和水就能够生长，并且牢牢扎根在地上，根为树提供营养。随着季节变化，树也会改变样貌，长出新叶，掉落老叶。当你感觉到自己的美丽与强壮，想象一下作为父母，你也要强壮又灵活，而且，就像树一样，你要在暴风雨到来时为小生命提供庇护。像树叶一样，你也会放弃旧观念，获得新想法。

当你准备好了，感知你的身体，将注意力带到你周围的环境。你听见了什么？汽车声？飞机声？一条狗的声音？留意这些声音。

现在，当你准备好了，慢慢睁开眼睛，环顾四周。感觉到光线，留意周围的物品——日常物品现在可能看起来会有些不同了。当你从这样的心态和身体状态回归生活，别忘记你现在的感受。在一天中任何一个时间，你都可以想起你的树的力量、存在与美感，并且从中受益。

愿你的根给你安全，你的树干让你强壮，你的树枝让你灵活，你的叶子带给你和他人欢喜。

附录2 补充阅读材料

下面是一些精选的阅读材料,可对你在本书中学到的理念、方法、技巧等起到有益的补充作用。请访问 www.newharbinger.com/29071 寻找更多相关材料。

图书

Aron, Elaine N. 2002. The Highly Sensitive Child. New York: Broadway Books.

Badalament, John J. 2010. The Modern Dad's Dilemma. Novato, CA: New World Library.

Bailey, Becky A. 2000. Easy to Love, Difficult to Discipline. New York: HarperCollins.

Bardake, Nancy. 2012. Mindful Birthing. New York: HarperCollins.

Brach, Tara. 2003. Radical Acceptance. New York: Bantam Books.

Brassard, Marla Ruth. 1987. Emotional Abuse. Chicago: National Committee for Prevention of Child Abuse.

Brazelton, T. Barry, and Joshua D. Sparrow. 2006. Touchpoints. Cambridge, MA: Da Capo Press.

Brown, Brené. 2010. The Gift of Imperfection. Center City, MN:

Hazelden.

Carter, Christine. 2010. Raising Happiness. New York: Random House.

Chopra, Deepak. 1997. The Seven Spiritual Laws for Parents. New York: Three Rivers Press.

Chödrön, Pemma. 2001. The Places That Scare You. Boston: Shambala Publications.

Eifert, George H., Matthew McKay, and John. P. Forsyth. 2006. ACT On Life Not On Anger. Oakland, CA: New Harbinger Publications.

Elkind, David. 2007. The Power of Play. Philadelphia: Da Capo Press.

Gordon, Mary. 2009. Roots of Empathy. New York: The Experiment, LLC.

Green, Ross W. 2001. The Explosive Child. New York: HarperCollins.

Gurmer, Christopher K. 2009. The Mindful Path to Self-Compassion. New York: Guildford Press.

Hallowell, Edward M. 2002. The Childhood Roots of Adult Happiness. New York: The Ballantine Publishing Group.

Hannibal, Mary Ellen. 2007. Good Parenting Through Your Divorce. New York: Marlowe & Company.

Kabat-Zinn, Myla, and Jon Kabat-Zinn. 1997. Everyday Blessings. New York: Hyperion.

Kabat-Zinn, Jon. 2012. Mindfulness for Beginners. Boulder, CO: Sounds True, Inc. .

Kurcinka, Mary Sheedy. 2001. Kids, Parents and Power Struggles. New York: Quill.

Kurcinka, Mary Sheedy.1998. Raising Your Spirited Child. New York: HarperCollins.

Kurcinka, Mary Sheedy. 2006. Sleepless in America. New York: Harper Collins.

Levine, Madeline. 2012. Teach Your Children Well. New York:

HarperCollins.

MacKenzie, Robert. J. 2001. Setting Limits With Your Strong-Willed Child. New York: Three Rivers Press.

McKay, Matthew, Patrick Fanning, Dana Landis, and Kim. Paleg. 1996. When Anger Hurts Your Kids. Oakland, CA: New Harbinger Publications, Inc.

Neff, Kristin. 2011. Self-Compassion. New York: HarperCollins.

Neville, Helen. 2007. Is This A Phase? Seattle, WA: Parenting Press.

Siegel, Daniel. 2012. The Whole-Brain Child. New York: Bantam.

Siegel, Daniel. 2003. Parenting From The Inside Out. New York: Penguin Group.

Smith, Jeremy Adam. 2009. The Daddy Shift. Boston: Beacon Press.

Shure, Myrna. 1994. Raising a Thinking Child. New York: Simon & Shuster.

Weissbluth, Marc. 2003. Healthy Sleep Habits, Happy Child. New York: Ballantine Books.

网站

气质

The Preventive Ounce: www.preventiveoz.org

Understanding Behavioral Individuality: www.b-di.com

其他养育类网址

American Academy of Pediatrics: www.aap.org

American Psychological Association: www.apa.org

Babycenter: www.babycenter.com

Common Sense Media: www.comonsensemedia.org

Dr. Hallowell, ADHD: www.drhallowell.com

Dr. Toy: www.drtoy.com

Greater Good Science Center: www.greatergoodscience.org

KidsHealth: www.kidshealth.org

Kids In The House: www.kidsinthehouse.com

Zero To Three: www.zerotothree.org

附录3　原书参考文献

Barkley, R. 2000. *Taking Charge of ADHD*. New York: Guilford Press.

Besharov, D. 1990. *Recognizing Child Abuse*. New York: Free Press.

Brach, T. 2003. *Radical Acceptance*. New York: Bantam.

Brassard, M. R., S. N. Hart, and D. B. Hardy. "The Psychological Maltreatment Rating Scales." *Child Abuse and Neglect* 14 (1993): 715–29.

Brown, B. 2010. *The Gifts of Imperfection*. Center City, MN: Hazelden.

Cannon, W. B. 1915. *Bodily Changes in Pain Hunger, Fear and Rage*. London: Appleton-Century-Crofts.

Chess, S., H. G. Birch, and A. Thomas. 1977. *Your Child is a Person*. London: Penguin Books.

Chess, S., and A. Thomas. 1986. *Temperament in Clinical Practice*. New York: The Guilford Press.

Cohen, S., D. A. J. Tyrrell, and A. P. Smith. "Psychological stress and Susceptibility to the Common Cold." *New England Journal of Medicine* 325 (1991): 606–12.

Cohen, S., W. J. Doyle, E. Frank, J. M. Gwaltney Jr., B. S. Rabin, and D. P. Skoner. "Types of Stressors That Increase Susceptibility to the Common Cold in Healthy Adults." *Health Psychology* 17, no. 3 (May 1998): 214–23.

Courtenay, W. H. "Constructions of Masculinity and Their Influence on Men's Well-Being" *Social Science & Medicine* 50, no. 10 (2000): 1385–401.

Courtenay, W. H. 2011. *Dying to be Men*. New York: Routledge.

Engel, B. 2002. *The Power of Apology*. San Francisco: Wiley Press.

Frankl, V. E. 2006. *Man's Search for Meaning Paperback*. Boston: Beacon Press.

Germer, C. K. 2009. *The Mindful Path to Self-Compassion*. New York: The Guilford Press.

Graham, A. M., P. A Fisher, and J. H. Pfeifer. "What Sleeping Babies Hear." *Psychology Science* 24, no. 5 (2013): 782.

Greene, R. W. 2010. *The Explosive Child*. New York: Harper Paperbacks.

Greenspan, S. 1996. *The Challenging Child*. Cambridge, MA: De Capo Press.

Hallowell, E. 2006. *Crazy Busy*. New York: Ballantine Books.

Helterbran, V. R. 2008. *Exploring Idioms*. Gainesville, FL: Maupin House Publishing.

Hinshaw, S. P. 2007. *The Mark of Shame*. New York: Oxford University Press.

Kabat-Zinn, J. 1990. *Full-Catastrophe Living*. New York: Delacorte Press.

Kurcinka, M. S. 2000. *Kids Parents and Power Struggles*. New York: Harper.

Lammott, A. 1999. *Traveling Mercies*. New York: Anchor Books.

McKay, M., P. Fanning, D. Landis, and K. Paleg. 1996. *When Anger Hurts Your Kids*. Oakland CA: New Har-binger Publications, Inc.

McKay, M., P. D. Rodgers, and J. McKay. 2003. *When Anger Hurts*. Oakland, CA: New Harbinger Press.

Meltzer, L. J., and J. A. Mindell. "Relationships Between Child Sleep

Disturbances and Maternal Sleep, Mood, and Parenting Stress." *Journal of Family Psychology* 21 (2007): 67–73.

Neff, K. 2011. *Self-Compassion*. New York: William Morrow.

Nelsen, J. 2007. *Positive Discipline A–Z*. New York: Three Rivers Press.

Phelan, T. W. 2010. *123 Magic*. Chicago: Parentmagic, Inc.

Shure, M. B. 2005. *Thinking Parent, Thinking Child*. New York: McGraw-Hill.

Siegel, L. M. 2003. *Nolo's IEP Guide: Learning Disabilities*. Berkeley, CA: Nolo Press.

Straus, M. A., and C. J. Field. "Psychological Aggression by American Parents." *Journal of Marriage and Family* 65 (2003): 795–807.

Tesser, A., R. Forehand, G. Brody, and N. Long. "Conflict: The Role of Calm and Angry Parent-Child Discussion in Adolescent Adjustment." *Journal of Social and Clinical Psychology* 8, no. 3 (1989): 317–30.

Theoklitou, D., A. Kabitsi, and N. Kabitisis. "Physical and Emotional Abuse of Primary School Children by Teachers." *Child Abuse & Neglect* 36, no. 1 (2012): 64–70.

Verbrugge, L. M. 1985. "Gender and Health." *Journal of Health and Social Behavior* 26, no. 3 (September 1985): 156–82.

Verbrugge, L. M. 1989. "The Twain Meet." *Journal of Health and Social Behavior* 30, no. 3 (September 1989): 282–304.

译后记

成为父母真是人生遭遇的最大难题，由爸爸或者妈妈这个身份裹挟而来的是更多混乱，更多纠结，更多顾此失彼，更多不堪重负。这一切如同一个放大镜，将我们自己身上可能从未觉察的脆弱与慌张映照得纤毫毕现。

我想先跟你分享我自己的两个故事。

第一个故事：

女儿放学回家，我兴高采烈地对她说："我有一个好礼物给你哦！""是什么？"她眼睛立刻亮了。我从包里拿出一个纸盒子递给她，她欢天喜地地拆开，打开盒子里一个又一个纸团，最里面是一个半透明的袋子，袋子里是一只白瓷的风铃。这是我出差路上，好不容易挤出时间给她买的礼物，特地选了她最喜欢的猫的形状。

女儿却在看到礼物的瞬间收起了笑容，撇了撇嘴说："这有什么好的。"然后把头扭向一旁。

她的反应我始料未及，当时就急了，伸手去抓那盒子："不喜欢吗？还我！"她不肯给，把盒子藏到身后。我越发生气，声音提高了好几度："拿来！还我！"她已有了哭腔，大声抗议："你都给我了干嘛还要回去？！"我也绝不退让，逼近她："你不喜欢干嘛还要！"

好好一个周末晚上，就这样始料未及地充斥着女儿的嚎哭，我的叫嚷，最后，和以往每一次冲突一样，我道歉，她抽泣，我们拥抱，和好。

但是,和以往每一次一样,我又内疚了很久很久,大半夜地看着她熟睡的面孔发呆。

第二个故事:

晚上,我匆匆忙忙安排女儿洗漱,准备睡觉。我心里惦记着一会儿要主持一个微信读书会,希望她赶紧睡着,我还得准备。

我一边收拾东西,一边叮嘱女儿把换下来的脏衣服扔进洗衣篮里,周末一起洗。她痛快地答应了。我忙完回到卫生间,却看见一堆脏衣服被扔在水池里,溅了一地水。

我急了,大声问:"不是说放洗衣篮吗,谁让你泡水里啦!"她一开始还坏笑,看我脸色不对,慌乱地说:"不是我放的。"我气得质问:"不是你?!那衣服自己跑来的?!你不单淘气,还学会撒谎啦!"她怯怯地看着我,已经要哭。但是,我想着工作没做完,还得先收拾这堆脏衣服,怒火上升,继续冲她嚷:"你真讨厌!我越忙你越添乱!"直到老公出来相劝:"算了算了,衣服我洗。"

在朋友眼里,我是个温和宽容也还算有趣的人。作为一个育儿杂志的编辑,在未做妈妈之前的很多年里,我已经储备了丰富的育儿知识和信息。在绝大部分人看来,我有足够好的条件,可以轻松胜任"妈妈"这个角色。

但这一路,我走得磕磕绊绊,并且随着女儿长大,个性愈发鲜明,需求愈发多样,我们之间的冲突就愈发频繁。

所以,得以翻译这本书对我而言是极大的幸运。戴上从书中获得的"个性气质眼镜"仔细审视我和我的女儿:我们都是高敏感度,高情绪反应的人。我容易焦虑,她十分倔强。在我们之间,情绪的暗流时时涌动,又互相影响,再叠加上各自生活中的各种压力,可以想象吧,我们这样的一对母女的日常生活,的确不太容易。

译后记

我认真用追踪表记录过自己对女儿叫嚷的情况，清楚地看到我怒火的触发器：第一是工作压力，第二是"我已经竭尽全力，却仍然做不了一个好妈妈"的挫败感。

我知道我需要帮助，但是，作为一个内心脆弱的完美主义者，我恐怕承受不了"你怎么能……你应该……"的教训。好在罗娜（本书作者）并不打算教训我。作为四个孩子的母亲，作为祖母，作为一名有数十年儿科工作经验的注册护士和咨询师，罗娜比任何人都更了解为人父母的艰辛。

在这本书的字里行间，我常常能听见罗娜安静又稳定的声音。当我在电脑上敲下——"在做父母这件事上，从无完美可言，所以，要在愉快时欢庆，从艰难中学习。想要做出改变，任何时候都不晚。"——这段话时，一种温暖又强大的力量从心底升起。

在翻译这本书的大半年时间里，这种力量让我有时落泪：

"记住：孩子不是你的敌人。你的孩子需要你给予关注、安抚、规范、引导、宽慰、温柔的抚摸，以及成功的机会。而且，和你一样，你的孩子需要很多时间和很多次练习才能掌握他日常学到的技巧。"

有时微笑：

"当孩子降生，一个安静整洁、井然有序的家就不复存在了。如果你试图纠正孩子做的每一件你不赞同的小事，你就会筋疲力尽，濒临崩溃，而且还有可能将每一次与孩子的互动都变成一场战争。"

有时深深思考：

"我想象着，如果每个人都能把自己为人父母的角色看作是世界和平这块大拼图的一部分时，会是一副怎样的图景。"

这本书从情绪出发，但绝不仅仅是一本情绪管理书。正如每一次当我们与自己的情绪面对面，看见的是对自己的态度，对生活的期望,以及岁月尘烟不由分说在我们的身体和内心留下的印记。它关照父母,但绝不仅仅是一本育儿书。当我们调整视角,改变态度,很有可能,我们获得的是与周遭万物重新相处的方式。

最重要的是,这本书让这种深刻的改变和巨大的收获都有迹可循,每个人都会找到适合自己的、马上就可以做的方法。

成为父母有可能是我们最大的机会,重新看见自己,重新将人生捏合成更加坚定沉稳的样子。如果我们这么做了,我们的孩子就有更多可能性在一个"对"的世界里开始他们的人生,然后去创造一个更加令人欢喜的世界。

钟 煜

2016 年 2 月

图书在版编目(CIP)数据

不吼不叫:如何平静地让孩子与父母合作/(美)
雷纳著;钟煜译. -- 上海:上海社会科学院出版社,2015
书名原文:Is That Me Yelling? A Parent's
Guide to Getting Your Kids to Cooperate Without
Losing Your Cool
ISBN 978-7-5520-1081-7

Ⅰ.①不… Ⅱ.①雷… ②钟… Ⅲ.①家庭教育
Ⅳ.①G78

中国版本图书馆 CIP 数据核字(2015)第 306210 号

IS THAT ME YELLING?:A PARENT'S GUIDE TO GETTING YOUR KIDS TO
COOPERATE WITHOUT LOSING YOUR COOL
By RONA RENNER,RN,FOREWORD BY CHRISTINE CARTER,PHD
Copyright: © 2014 BY RONA RENNER
This edition arranged with NEW HARBINGER PUBLICATIONS
through Big Apple Agency,Inc.,Labuan,Malaysia.
Simplified Chinese edition copyright:
2016 Beijing Green Beans Book Co,Ltd
All rights reserved.

上海市版权局著作权合同登记号:图字 09-2015-1000

不吼不叫:如何平静地让孩子与父母合作

著　　者:	[美]罗娜·雷纳
译　　者:	钟　煜
责任编辑:	李　慧
特约编辑:	陈朝阳
出版发行:	上海社会科学院出版社
	上海市顺昌路 622 号　邮编 200025
	电话总机 021-63315900　销售热线 021-53063735
	http://www.sassp.org.cn　E-mail: sassp@sass.org.cn
印　　刷:	天津旭丰源印刷有限公司
开　　本:	710×1000 毫米　1/16 开
印　　张:	16.25
字　　数:	180 千字
版　　次:	2016 年 3 月第 1 版　2022 年 6 月第 14 次印刷

ISBN 978-7-5520-1081-7/G·442　　　　　　　　　　定价:32.80 元

版权所有　翻印必究